UN GOBIERNO LIBRE DE PARTIDOS POLITICOS

© 2013 Primera Edición. José Santiago-Rivera

ISBN-978-1491293621

Trabajos de maquetación: Ednimarie Díaz
Diseño de cubierta: Ednimarie Díaz
Diseño de interior: Ednimarie Díaz

Impreso en los Estados Unidos de América
Printed in the United States of America

Es trabajo fue realizado con la intención de que fuera publicado antes de las primarias que se efectuaron en marzo del dos mil doce (2012) en. Puerto Rico. El propósito, lograr que un tanto por ciento de la población superara el fanatismo político y ejerciera su derecho al voto de forma inteligente, en busca de lo que más beneficiara al país. Un voto con conciencia, sin ataduras y de una verdadera forma democrática. Que fuese el instrumento de lucha para erradicar a quienes nos dañan como pueblo, los partidos políticos.

NOTA DE AGRADECIMIENTO

Primero que a nadie agradezco a mi Dios Todopoderoso, creador del cielo y de la tierra y todo lo que en ella habita por permitirme más que mi existencia, la satisfacción diaria de poder ayudar a otra personas desde la más simple manera, como es una sonrisa o una palmada de felicitación hasta evitar el suicidio de quien luego se convirtió en un ser humano extraordinario.

A mi padre Pedro Juan Santiago Correa quien fue uno de los arquitectos de mi formación como persona. De quien aprendí que la gente vale por lo que hace no por lo que dice. Que la verdad es única y real, que lo que se inventan son las mentiras. Que solo sale bien lo que bien se hace. Que todo lo que se hace con honestidad perdura por toda la vida.

A mi santa madre Herminia Rivera Caquias de quien obtuve fortaleza para enfrentar la dureza de la vida, tolerancia para aceptar las cosas que no podía cambiar y paciencia ante la adversidad. Con ella aprendí que el mejor filtro para la limpieza del alma es la sinceridad

A mi esposa Gladys Pérez Valdivieso, quien ha sido mi compañía en los momentos más difíciles de mi existencia y sin su apoyo no hubiese llegado a esta etapa de mi vida.

Agradezco a mis hijos José Francisco, Digna Eddalie, Ada María, Adaline y Rafael José quienes fueron un estímulo para el logro de este trabajo.

Todo mi agradecimiento a aquellas personas cuyos nombre no incluyo, por no haber solicitado su autorización y desconozco la controversia que este escrito pueda generar, ni de como los pueda afectar.

DEDICATORIA

Dedico este escrito a los miles de trabajadores puertorriqueños, hombres y mujeres quienes día a día con esfuerzo y dedicación dan lo mejor de sí enfrentando los más grandes retos en su afán de hacer de esta nuestra patria un mejor lugar para vivir.

José Santiago Rivera

PRÓLOGO

Los seres humanos pasan por la vida unos con más significado que otros, la diferencia está en el entusiasmo que ponemos en las metas que queremos alcanzar. Todo ser humano toma mucho tiempo de la vida que le toca vivir, en hacer cosas que no le produce la más mínima satisfacción. No hay tiempo más preciado que el de nuestra propia existencia y cuando no lo utilizamos de la forma que más nos agrada, llegan las frustraciones, las lamentaciones. La pena que nos produce, el pensar en las muchas cosas que dejamos de hacer. Mientras tengamos vida, tenemos la posibilidad de comenzar a ser productivos, a valorar nuestra existencia, a llenarnos de satisfacciones. Sentir que aportamos en algo a lograr que este país en el que vivimos sea un mejor lugar para convivir.

La sana convivencia es fundamental para el logro de comunidades exitosas.

El logro de comunidades exitosas está fundamentado en la igualdad de oportunidades para todos sus ciudadanos, que es la base para una sana convivencia. De ahí la imperiosa necesidad de eliminar aquello que limita las posibilidades de lograr la igualdad de oportunidades. Todos conocemos quiénes son y donde se encuentran, mas sin embargo, no sé porque hasta ahora no hemos hecho nada por combatirlo.

Como pueblo en decadencia, tenemos la característica fatal de carecer de ese sentido de pertenencia que no nos motiva a luchar por lo nuestro. Quizás nos equivocamos al pensar en nuestra docilidad como pueblo, siendo tal vez la dejadez, la indiferencia, el conformismo y el poco espíritu de lucha lo que mejor nos definen como pueblo. O será el individualismo lo que ha llevado a la marginación y al sentimiento de inferioridad a la mayoría de la población. Si no de que otra manera podríamos entender, el que el pueblo acepte de forma tan dócil todos los atropellos a los que es sometido por los líderes políticos y gobernantes en la mal llamada democracia.

Entender el porqué de ese continuismo, de esa sumisión, me llevo a escudriñar miles de razonamientos, a buscarle la lógica del porqué tantos años de tolerar tantas injusticias. Al final deduje que en uno de estos dos razonamientos esta la verdad. O que el pueblo es el único responsable por todos los abusos a los que ha sido sometido por siglos por sus gobernantes. O que los líderes sin escrúpulos que los han gobernado por siglos, tienen no solo la maldad, sino también la habilidad para engañar a todo un pueblo, durante tanto tiempo.

Si razonamos pensando que el pueblo es el mayor responsable, vemos que esa forma individualista de enfrentar las situaciones que se nos presentan es el mayor escollo en nuestro intento de mejorar como país. Pensamos en nuestra situación particular y de cómo resolverla y nos olvidamos que es en el colectivo que esta la verdadera fortaleza. Cuando pensamos y actuamos individualmente, no ayudamos a resolver los graves problemas que nos afectan como país y que al irse acumulando nos han llevado a la debacle actual. Cuando como individuos no podemos ante el poder de los grandes intereses económicos y de los partidos políticos, o nos resignamos y aceptamos las migajas que nos ofrecen, el llamado conformismo o la derrota. O cometemos uno de los mayores errores, el malgastar energías organizando pequeños grupos para protestar por lo que nos afecta, no al colectivo, sino a nosotros como individuos. Con ese error hemos cargado por siglos, sin resultados positivos, la situación de forma acumulativa se ha ido agravando.

Si vemos como los líderes políticos han gobernado al país, notamos que nunca se ven afectados por los problemas que aquejan a la ciudadanía. Se reparten las riquezas del país sin decoro, ni escrúpulos. Si les importara las necesidades del pueblo, ajustarían sus gastos extraordinarios y en ocasiones extravagantes, en beneficio de la ciudadanía. Cuando le pides sacrificios al pueblo, que no le queda nada para aportar y tú en la riqueza, no ofreces ni sacrificas nada, eres no solo egoísta y malvado, sino también inhumano. Y si por tanto tiempo han logrado mantener el control del pueblo hasta el punto de aceptarles tantos atropellos, han tenido la habilidad para engañar, de forma tal que aun hoy les seguimos llamando honorables.

Los políticos con sus artimañas han logrado mantener dividido no solo al pueblo, también a miembros de una misma familia, en la mayoría de las familias de nuestro país. El éxito de los políticos, estriba en su habilidad de dividir y cuando divides debilitas. Cuando te sientes débil, la debilidad te hace sentir inferior, el sentimiento de inferioridad te lleva a la derrota. La misma derrota en la que hoy nos encontramos como pueblo. El apoyo lo seguimos buscando en quienes consistentemente han destrozado, moral y económicamente a nuestro querido Puerto Rico, los políticos. Como no somos conformes con el maltrato de los políticos al pueblo, queremos aumentar las fuerzas políticas del país con la formación de nuevos partidos políticos.

Nuestra realidad histórica está escrita, por eso la razón de este escrito. Que todo el pueblo conozca quiénes son y todo el daño que han provocado. Que el pueblo entre en razón de la importancia de eliminarlos, que conozcan sus verdaderas ejecutorias, toda la maldad que hay en ellos y donde estamos como país, de cuáles son las posibilidades de mejorar. Nos han demostrado hasta la saciedad, que no sirven como dirigentes del país, que la situación no mejora. Que nuestro modelo político y económico no sirve, que necesitamos reinventarnos. No es seguir con más de lo mismo. Es empezar a respetarnos como pueblo, combatiendo a quienes nos hacen daño y no seguir apoyándolos como hasta ahora.

Nadie protesta hasta que no se ve afectado, pensamos como individuos. Ante la necesidad, buscamos ayuda de los políticos, mendigamos un puesto de trabajo, miramos atrás a quien no lo tiene y nos sentimos privilegiados y sin preocuparnos de quien tiene menos que nosotros.

Vivimos agradecidos de lo poco que nos ofrecen los políticos y nos olvidamos de los que nada tienen, seguimos pensando como individuos, el beneficio, para los políticos. Algunos conformes con lo poco, la mayoría sin nada y los políticos, bien gracias.

Con el escrito pretendo la ambiciosa propuesta, de crear conciencia en la ciudadanía de un verdadero proyecto de pueblo. Que dejemos de pensar en pequeño y empecemos a actuar en grande. Que comencemos, dejando de malgastar energía organizando pequeños grupos de protesta, empecemos a buscar los líderes dentro de cada rincón del país comprometidos con ese proyecto de pueblo.

Identifiquemos y eliminemos esos dos grandes escollos que se nos presentan como reto a dicho proyecto de pueblo. Primero reconocer que como no somos un país soberano, estamos en una gran desventaja ante la globalización. Que ante la desinformación y el miedo al que ha sido sometida la ciudadanía, es bien cuesta arriba conseguir apoyo para una plena o completa soberanía. Está en manos del congreso de los Estados Unidos de Norteamérica el conceder la soberanía plena o la estadidad para Puerto Rico. Ninguna de las dos alternativas es por el momento viable para los Estados Unidos, el costo social y económico ante la avalancha de ciudadanos norteamericanos en Puerto Rico con libre movimiento al continente, es altísimo. El costo político para los políticos norteamericanos inadmisible. Por lo tanto, mientras logramos que el pueblo pierda el miedo y entienda la importancia de la soberanía para el logro de una economía exitosa. Hay que negociar nuevos acuerdos que de verdad beneficien al pueblo y no a los políticos de oficio, en Puerto Rico y los Estados Unidos.

Segundo, unir a un pueblo tan fragmentado como el nuestro no es tarea fácil. El país está no solo desunido, también está bien desinformado. Por lo tanto, no es fácil lograr unirlo en corto tiempo. Hablamos de corto tiempo, pues a la velocidad a la que los políticos están destruyendo al país, no podemos darnos el lujo de dejarlos que sigan gobernando. La otra alternativa mayoritaria que ha estado en el gobierno anteriormente ha probado que tampoco sirve. Solo nos queda como inicio organizar al país con nuevos líderes, con el compromiso de aceptar las determinaciones del pueblo y mediante el voto y sin uso de violencia eliminar a todos los políticos actuales dentro del gobierno.

Una ventajas que nos da nuestro sistema de gobierno llamado democrático, es la de permitir una transición sin violencia hacia una verdadera democracia mediante la utilización del voto. En la actualidad el voto no es usado de la forma correcta, pues hemos sido inducidos a error a la hora de ejercerlo, por las tretas, engaños y hasta intimidación por parte de los partidos políticos. Somos engañados elección tras elección y seguimos insistiendo en que nos gobiernen quienes nos engañan. No necesitamos violencia para vencerlos, solo necesitamos el poder del voto bien utilizado. La historia demuestra la consistencia en la resistencia al cambio, pero si esos cambios no se hubiesen logrado, aun estuviéramos viviendo en la edad de piedra. Gracias a los esfuerzos de gente visionaria se han logrado grandes adelantos para beneficio de la humanidad.

Junto con los grandes logros llego la maldad y la ambición desmedida, las ansias de poder y el amor al dinero, de un ínfimo tanto por ciento de personas. Personas que se hacen llamar líderes y que hoy gobiernan los países del mundo. Líderes que se han ido enriqueciendo, mientras la mayoría del pueblo en todos los países del mundo vive en la pobreza. La situación económica y social de los marginados no mejora, ni su seguridad, ni su educación, ni su salud, tampoco la posibilidad de una mejor calidad de vida. Por eso la importancia de que la erradicación de los líderes no sea parcial, sino total, para su efectividad.

Para presentar un verdadero proyecto de pueblo, hay que salir a la calle y conocer cómo piensa la gente, pues no se puede combatir efectivamente lo que no se conoce. Es doloroso conocer el grado de ignorancia y engaño bajo el cual vive un alto por ciento de la población. Ver el individualismo con el que vive la gente, sin ninguna convivencia y sin importarle el bienestar del resto de la población. El individualismo uno de los grandes males de las sociedades existentes. Oír a personas decir que el país está social y económicamente mejor que hace diez años, porque tienen su casa salda y un bocado de comida diaria, mientras miles de padres de familia perdieron sus empleos y sus viviendas. Mientras empeora la calidad de la educación, de la salud, aumenta la criminalidad, no hay seguridad en ninguna parte de nuestro país, es eso estar mejor que hace diez años. La calidad de los servicios que ofrece el gobierno al ciudadano ha bajado dramáticamente, mientras los costos por los servicios que el gobierno ofrece al ciudadano han subido considerablemente. Eso es buen gobierno, ciertamente no, entonces porque insistimos en más de lo mismo.

La solución a la crisis en la que nos encontramos está en el pueblo. El cáncer que representa los males del gobierno no se resuelven con protestas, eso es comparable a querer curar un cáncer con aspirinas. La única forma de erradicar el cáncer de un mal gobierno que tanto daño les hace a sus ciudadanos, equivaldría cortar de raíz o erradicar el tumor maligno que produjo el cáncer. Erradiquemos a todos los políticos que nos gobiernan. Hagámoslo ahora, no demos una oportunidad más, erradicación total. El tiempo ha demostrado que no existe ninguna otra solución, unamos conciencias, actuemos con valor y que el compromiso sea de todos.

Este trabajo, fue escrito de la forma más sencilla y dentro de la mayor realidad posible para que sea entendido por toda la población. Se hizo sin ninguna diferenciación, ventaja o excusa a favor de ningún partido político. Tratamos de lograr una disminución significativa del llamado fanatismo político, con la intención de que quienes dentro de su irracional fanatismo traten de bloquear para conocimiento general las verdades aquí expuestas, no lo logren. Es tratar de lograr, el que dejemos de pensar y analizar a favor de partidos políticos y lo hagamos a favor del bienestar general de todo el país. No es mirar atrás y ver a otros en peores condiciones que nosotros, no es pensar solo en nuestras propias limitaciones, causadas por políticos sin escrúpulos y aceptarlas, mirando atrás a otros con más limitaciones. Es luchar en conjunto para que todos estemos en una mejor situación social y económica, pensemos en el bienestar de todo y no nos conformemos, con lo poco que nos dejan los políticos de oficio. Llevemos la información de lo que somos y de donde nos encontramos y sobre todo que todos conozcan quienes son los responsables.

Tiene que nacer o despertar en nosotros como pueblo esa voluntad para superar la debacle total en la que se encuentra sumida nuestra sociedad. Tenemos las herramientas y la inteligencia suficiente para lograrlo, necesitamos la gente con esa disposición y poder de convencimiento, para vencer mediante la fuerza del voto a quienes nos llevaron a la crisis sin precedentes en la que nos encontramos hoy. Que entienda el pueblo que nunca hemos estado bien, lo único que hemos hecho por siglos es conformarnos con lo poco, siempre hemos aceptado la desigualdad, los abusos y la marginación más que con humildad y resignación, con cobardía. Ya es hora de que nuestro pueblo despierte a la realidad actual, estamos en el fondo del precipicio, mirando hacia arriba a los políticos, a los grandes intereses económicos y a los honorables de la droga y la delincuencia, si no actuamos no vencemos.

Cuando mencionamos la forma de organizar el gobierno, no es pensando que es cosa fácil y sin mirar los cambios a la constitución. Cuando hablamos de separación en distritos representativos y cantidades específicas de legisladores lo hacemos como un ejemplo y tampoco pensamos en resolver de un plumazo los problemas que cargamos por siglos. Lo que sí está claro es que todo comienza a resolverse el día que completemos la eliminación de los partidos políticos, con ellos se van los políticos de oficio y los abusos de los grandes intereses económicos que siguen enriqueciéndose con el dinero y sin un logro positivo a favor del pueblo.

No es seguir permitiendo que quienes se lucran de un pueblo empobrecido, se les llame servidores públicos y menos que digan que se están sacrificando a favor del pueblo. Son solo empleados privilegiados que se imponen con ventaja sus propios sueldos y beneficios. Si tanto sacrificio cuesta una posición política en este país, porque tanta gente hace cola o una larga fila para convertirse en sacrificados. Cuántos de estos sacrificados en puestos políticos, comparten la miseria en la que vive la mayoría de la población. Si hay algo o alguien que limite su calidad de vida como ocurre con la mayoría de la población

Las grandes democracias, aquellas de las que tanto alarde hacemos, son el gobernar para beneficio de unos pocos. Es quitarle poco a los que tienen mucho y mucho a los que tienen poco. El cómo funciona una democracia, lo determinan los políticos que gobiernan, es por eso que para quien esta funciona bien, es para los políticos que se benefician sin mucho esfuerzo, para los grandes intereses, que obtienen grandes ganancias con poca o ninguna inversión y todos aquellos que se arriman con la única intención de obtener un beneficio personal, sin importarle el sufrimiento y las limitaciones del resto de la población. Ninguna de las grandes democracias del mundo cumple su propósito de igualdad de oportunidades para todos sus ciudadanos. Lo único que ha aumentado con el paso del tiempo en esas grandes democracias, es el conformismo, la resignación y la miseria de la mayoría de la población. También hemos visto un aumento significativo en las riquezas de los políticos y sus allegados. La responsabilidad de que la democracia funcione es de los políticos que gobiernan. Pero la culpa de que no funcione, es de un pueblo enñangotao, que mantiene a los políticos gobernando, bajo el manto engañoso de una democracia que no existe.

Durante siglos, la población más por dejadez que por ignorancia han permitido que los políticos sin digna conciencia sigan en aumento, aumentando el daño que le hacen. No podemos seguir con enojos pequeños ante grandes faltas por parte de quienes gobiernan. No podemos seguir batallando de forma fragmentada ante los grandes problemas que nos afectan. No es seguir protestando en pequeños grupos ante lo que nos afecta como individuo. Es unir a todo ese pueblo en desventaja y abusado, en un solo propósito, es dejar de ser meros espectadores y convertirnos en protagonista, en activistas. Es crear un proyecto de pueblo y tomar acción a favor de todos, porque todos nos estamos afectando. No es seguir con nuestras acciones fortaleciendo a quienes tanto daño les hace al pueblo. No son las grandes corporaciones, ni los bancos, los responsables de la crisis por la que atraviesa el país, son quienes gobiernan los que están en control de los dineros del pueblo y de los servicios buenos o malos que se le ofrecen a la ciudadanía. Es a los políticos que gobiernan al país a quienes tenemos que combatir.

A los políticos que buscan apoyo en líderes religiosos, quienes se han enriquecido bajo el ala protectora de los políticos de oficio, para mantener el control del libre pensamiento de sus feligreses, usando a su dios como fuerza para su lucro personal. Estos seudo líderes religiosos han convertido al dios del dinero en su verdadero dios, en enviados o mensajeros de un dios diferente al Dios al cual le profesan fe sus feligreses. Se proclaman príncipes y princesas, enviados de un rey todopoderoso, para justificar esas riquezas que los delatan. El verdadero Dios, ese rey todo poderoso, envió a su hijo unigénito a vivir en la pobreza como signo de humildad, cuya única riqueza era la abundancia del amor y la bondad que emana de su corazón.

A los políticos de oficio que buscan el apoyo de líderes sindicales, para continuar acallando voces. En nuestro país no existen verdaderos líderes sindicales, el liderato sindical requiere de sacrificio en favor de sus representados y esto no se logra apoyando a políticos, cuyo fin es perpetuarse en el poder. Un verdadero líder sindical es aquel que puede identificar a quienes les hacen daño a sus representados y aglutina a sus huestes para combatirlos. Son los políticos que gobiernan el país quienes legislan a favor o en contra de los mejores intereses de las uniones obreras, no son las grandes corporaciones, ni los bancos. La única relación de estos políticos de oficio con la banca y las grandes corporaciones es el beneficio económico que obtienen cuando legislan a favor de ellos y en contra del pueblo. Los líderes sindicales no pueden seguir siendo cómplices de los políticos, aliándose con estos, dic que buscando beneficio para los miembros de la unión y obteniendo a cambio un ínfimo beneficio personal. No insistamos más protestando en contra de quienes aprovechan las ventajas que se le ofrecen, unamos esfuerzo por combatir y eliminar a los verdaderos responsables, los partidos políticos y sus políticos de oficio.

Toda la población, la que es parte y sufre la crisis actual, que es la inmensa mayoría. Los que la provocaron, que son los menos, pero que no se están afectando con la crisis, conviven en una aparente armonía. Unos resignados y subsistiendo y otros disfrutando en la abundancia, mientras los medios de comunicación, que son un negocio se siguen lucrando a través de sus analistas políticos, quienes sacan a la luz pública los problemas que nos llevaron a la crisis, los responsables de la crisis; pero sin ofrecer soluciones. No necesitamos medios de comunicación que sigan creando confusión, en vez de ofrecer soluciones. Todos los medios le darían un verdadero servicio al pueblo, si lo convocaran a unirse en lucha permanente y sin violencia en contra de quienes nos tienen en crisis permanente, los partidos políticos. Que no continúen siendo participes de los atropellos por un mero puñado de monedas, o un acomodo político. A quien le caiga el sayo, que se lo ponga

En nuestras manos está el destino final de nuestro pais, Tomemos como pueblo el control del gobierno, esa es nuestra realidad vicaria, nuestra gran responsabilidad

.   José Santiago Rivera

CAPITULO 1

PODEMOS EVADIR LA REALIDAD, PERO NO PODEMOS EVADIR LAS CONSECUENCIAS DE EVADIR LA REALIDAD
AYN RAND

Una ineludible realidad es la de que no hay posible solución a los problemas cuando quienes los provocan no conocen o no quieren reconocer su responsabilidad. La crisis económica, social y emocional de nuestro país es causada por quienes gobiernan, los partidos políticos por medio de sus políticos de oficio. Es condición humana no aceptar culpas por lo que no se hizo bien y no hay dios que haga a un político aceptarla, para eso está el adversario, para cargar con ella. Cuando no aceptas, no reconoces, ni te importa, quedando el problema en suspenso y sin solución. La suma constante de problemas sin resolver, llevo al país a la crisis actual. La responsabilidad, de los políticos de oficio y las consecuencias, las paga siempre el pueblo.

Probado esta, donde único los mediocres sobresalen sin dejar de ser mediocres es en la política. Cuando afirmamos que donde único los mediocres sobresalen sin dejar de ser mediocres es en la política, lo hacemos dejando saber que sobresalir en este caso, no es ser exitoso, es meramente ser noticia. Los políticos mediocres, sobresalen no por lo que hacen en beneficio del pueblo, sobresalen por la facilidad con la que engañan al pueblo y su habilidad para lucrarse con el dinero del pueblo. Los mediocres en la legislatura, quienes pasan desapercibidos luego de cada elección, ejercen una única función, la de ser parte de una mayoría a la hora de cualquier votación. Que conste, no estoy haciendo un señalamiento en contra de los políticos, sino de los mediocres dentro de la política y créanme la cantidad es significativa.

Con toda seguridad quienes decidieron formar nuevos partidos políticos lo hicieron pensando en la mejor forma de combatir y sacar de la dirección del país a los que tantos abusos y atrocidades han cometido contra el pueblo. Sus intenciones pudieron ser las mejores, aunque las consecuencias de sus actos a quienes único beneficia es precisamente a los que gobiernan, a esos a quienes pretenden combatir, les están facilitando la reelección. Solo lograran perpetuar en el poder a quienes pretenden derrocar. Esa será su gran equivocación o su gran logro, el haber contribuido a debilitar la oposición. El triunfo no se logra dividiendo fuerzas, es uniéndose para fortalecerse y combatir con efectividad a quienes tanto daño ocasionan al pueblo.

Ellos, quienes gobiernan, tienen las herramientas, el poder y el dinero para llegar más fácilmente a las masas y convencerlas de que sus propuestas son la mejor opción. El poder del dinero convence a quienes tienen necesidad. Las ventajas de proyección en los medios de comunicación es garantía de triunfo. Cuando se está en control de todo, se tiene seguridad.

Son muchas las razones que me motivaron a escribir todas estas ideas que bullían en mi mente por mucho tiempo. Pero fue la idea de algunos intelectuales, que no sé por qué razón decidieron formar un nuevo partido político. Quizás la razón, o la intención, fuera buscar una solución a la grave situación por la que atraviesa nuestro querido país. Garrafal error el que están cometiendo. Nuestro país no necesita un nuevo partido político, sino la eliminación de los partidos políticos existentes

La verdadera causa de todos los problemas que afectan a nuestra nación y si lo extrapolamos a todas las naciones de nuestro mundo, son los partidos políticos. Si no tenemos la valentía de combatirlos hasta erradicarlos, en vano serán nuestros esfuerzos. Quienes pensaron encontrar solución con la creación de un nuevo partido político, se equivocaron, solo están echando leña al fuego. Si, al fuego de la corrupción dentro de un sistema político que no funciona.

Los sistemas políticos como el comunismo, el socialismo, el democrático y cualquiera otro conocido, son verdaderas utopías que solo satisfacen, a quienes los dirigen, pues son los únicos verdaderamente beneficiados. Los problemas que afectan al pueblo no disminuyen, no mejoran. Los políticos no buscan soluciones, tal vez por su incapacidad, quizás por su insensatez. Los políticos nos piden a nosotros, el pueblo cooperación y sacrificios. Todos debemos poner de nuestra parte para que la situación mejore. Piense cada uno de los miembros de la población de este país que no sea político, si uno solo de esos políticos ha sacrificado algo. Si dentro de la caótica situación económica en la que nos encontramos, la de ellos ha empeorado o al menos esta igual, no, están mejor económicamente. Que alguien levante su voz y nos diga en qué consiste su sacrificio o cooperación.

Históricamente, los políticos trabajan para los partidos políticos, respaldando las posiciones de su liderato y trabajando para su reelección. Antes existía entre los políticos la preocupación del costo político de sus acciones, hoy con la dejadez y con lo rápido que olvidamos toda la corrupción y el engaño a la que nos someten no hay preocupación. Los de antes eran más educados en su mayoría y los menos aunque con poca escuela, eran unos sacrificados del trabajo, no del servicio. La mayoría eran elocuentes en la expresión, de muy buena oratoria. Con mucho poder de convencimiento aunque engañaran. Los de hoy, con mucha escuela, grados académicos, pero con muy poca educación, tienen en común, el pensar que la política, es ganar buen dinero sin trabajar mucho.

Pensemos por un momento, cuántos de estos políticos, con la capacidad que tienen pudieran estar ganando ni siquiera la mitad del dinero que obtiene en su posición política si fueran un trabajador común. Recordemos que fuimos nosotros, el pueblo quienes con nuestros votos los llevamos a esa posición para que nos ofrecieran unos servicios y lo que hemos conseguido es que se sirvan de nosotros. Qué ironía, se hacen llamar servidores públicos y los llamamos honorables.

El pueblo soberano, dueños de esa empresa llamada gobierno y todo el que ahí trabaja es nuestro empleado y subordinado. Ese señalamiento es lo que le han hecho creer al pueblo y no es que el pueblo sea ignorante, es que este pueblo es dado al desinterés y por tal razón lo acepta como cierto. Nada más lejos de la realidad, los políticos no solo controlan la empresa llamada gobierno, sino que también mal administran dicha empresa. Nosotros, el pueblo, somos muy conformistas y eso lo saben muy bien los políticos, por eso nos convencen con muy poco esfuerzo y dinero. Al que le caiga el sayo que se lo ponga, al que no, a Dios que reparta suerte.

La dirección política es un mal de cientos de países, lo cual debe ser de conocimiento de estos llamados líderes e intelectuales de nuestro país que piensan en la creación de un nuevo partido político como inicio a la solución de los males que nos aquejan, es como pensar en los asentamientos de comunidades en el fondo del mar como solución a los problemas de hacinamiento, La solución no está en crear nuevos partidos políticos está en eliminar a los existentes. No necesitamos partidos políticos para dirigir los destinos de nuestro país, Lo que necesitamos es gente con ideas reales que ayuden en la solución de los problemas que nos aquejan como país. No puede haber soluciones pequeñas a problemas grandes como lo hacen los políticos.

La corrupción en el gobierno existe por los partidos políticos. Los grandes intereses económicos controlan y subvencionan a los partidos políticos. Quien tiene el dinero, controla el poder político y el dinero ni está en los pobres, tampoco en los asalariados. La historia nos dice, que los latifundistas, los hacendados, los banqueros y los intelectuales en su mayoría hijos de estos, quienes tenían el dinero para educarse en las mejores universidades extranjeras, gobernaban nuestro país. Algunos eran ego centrista, otro eran idealistas, verdaderos intelectuales, en cuyas prioridades en la mayoría de los casos no estaba el enriquecimiento.

Hay quienes piensan que en aquella época había verdaderos humanistas, gente de principios, íntegros, aun cuando en realidad había en ellos mucho prejuicio, lo que los llevaba a cometer discrimen contra las clases en desventaja. El discrimen limitaba el bienestar y el desarrollo de las clases menos privilegiadas. El prejuicio venia de las clases que nacían con privilegios y se les educaba como una clase superior. Este se tomaba como algo natural de parte de quienes lo cometían y aceptado por aquellos contra quienes se cometía, estos se sentían seres inferiores. Pero, ¿verdaderamente había mucha corrupción? Tal vez en las esferas inferiores del gobierno y no en la magnitud de la era actual.

En la mayoría de la ciudadanía hay mucha indignación y coraje contra los políticos de este país.

Con los que gobiernan y con la llamada oposición, quienes están para cuidar los mejores intereses del pueblo. Para fiscalizar que todo en el gobierno, se haga de la forma correcta y en beneficio de la ciudadanía. Eso, es lo que quisiéramos que ocurriera o que fuera la forma correcta. Pero saben que, quienes dicen fiscalizar, fueron los que con anterioridad gobernaron y si no están gobernando en la actualidad o es porque no lo hicieron bien o quienes en la actualidad gobiernan tuvieron el poder de convencer al pueblo de que lo podían hacer mejor. La llamada oposición política, son unos oportunistas que no sienten por el sufrimiento y las necesidades a las que someten a la población, como consecuencia del mal gobierno. Para ellos es más importante tomar ventaja política de cara a las próximas elecciones que resolver en beneficio del pueblo. Los políticos sobreviven de lo que prometen, de que cumplan es otra cosa. Siempre está un pueblo incrédulo, que acepta como ciertas las mismas excusas de siempre. Las promesas no se cumplen, por las malas condiciones en que la administración pasada dejó al país. Todo el tiempo las mismas excusas, o se sienten seguros de lo fácil que es engañar al pueblo, o su mediocridad es tal, que no pueden ser innovadores en las excusas que ofrecen. El coraje es con ese pueblo tan sumiso y leniente que permite y acepta el engaño de los políticos. No es la maldad de los malos, si no la indiferencia de los buenos, ante los abusos que se cometen contra el pueblo.

¿Cuándo el pueblo va a entender, que es soberano? Que tienen el poder supremo de decidir su destino. ¿Cuándo va a poder diferencial entre lo que es bueno y lo que es malo? El derecho supremo en una democracia, es el del voto, que se ejerce cada cuatro años para elegir a quienes regirán su destino. En quienes recaerá la responsabilidad de gobernar nuestro país. Ese derecho se lacera cuando son los partidos políticos quienes escogen y limitan el derecho a la mejor elección. No existe democracia cuando se le pide al pueblo que vote por una insignia política y no por el mejor candidato. En la mayoría de las ocasiones, vemos y sabemos que quienes verdaderamente gobiernan al país no fueron elegidos por el voto directo del pueblo, expliquen entonces que es democracia. No nos preguntemos por quien votamos en las elecciones de noviembre cada cuatro años, más vale preguntar para que y porque.

Cuando elegimos a un partido político para que nos gobierne, nuestra calidad de vida como pueblo no mejora, nuestro bienestar y pleno desarrollo no logra avances. Mas sin embargo los políticos viven con muchos privilegios y todos a costillas de los asalariados empleados del gobierno y de la empresa privada. ¿Cuál es la razón de esos privilegios? ¿Que los hace merecedores de los mismos? Si los partidos políticos son los responsables de la debacle económica, social y emocional de nuestro pueblo. Si no han logrado que mejore la educación, la salud, ni la seguridad en nuestro país. Porque razón necesitamos crear otro partido político, para solución del desmadre que ellos han creado.

Lo que necesitamos no es otro partido político. Necesitamos crear conciencia en nuestro pueblo de la importancia de reconocer hasta donde nos han llevado los líderes políticos. Que para que esto comience a mejorar el pueblo debe dejar a un lado su fanatismo político y empezar a entender que lo más importante es el país y su gente. No los políticos privilegiados que nos discriminan.

Necesitamos nuevos líderes que le hagan entender al pueblo que los problemas que nos aquejan hay que eliminarlos de raíz. Esto es, que ningún incumbente, ni uno solo, revalide en las próximas elecciones. En esa dirección es que deben moverse, quienes pretenden crear un nuevo partido político. Lo que necesitamos es gente con carácter, gente capacitada, personas integras y de probada capacidad moral para que dirijan este país hacia la formación de una gran nación. Todos sabemos que existen miles de puertorriqueños con esas cualidades. Dediquemos nuestros esfuerzos a encontrarlos y a que acepten el reto de hacer de esta, una gran nación, compromiso de todos.

Los ejemplos de quienes pudieran ser nuestros ídolos, no son los mejores en muchas ocasiones. Nos están educando en la dirección de tanto tienes tanto vales. Pensar en que vales por lo que tienes, no importa como lo obtengas. El poder que da el enriquecimiento, el poder del dinero que convierte a quien lo posee en Honorable, digno título en la actualidad para delincuentes. Don dinero, sinónimo de poder, de grandeza, el que todo lo resuelve. Ante él, se rinden los valores, los principio, la verdad, la moral, lo justo, lo honesto. Es lo que la mayoría piensa y dentro de esa mayoría, lamentablemente se encuentran muchos políticos. Hablamos de políticos, no de servidores públicos. Los primeros se enriquecen con el dinero del pueblo, Los segundos se sacrifican por el bien del pueblo.

Los políticos se sirven del pueblo y tienen lealtades. Son leales al partido político al que pertenecen y al líder que escogieron para convencer al pueblo de que son la mejor opción. El pueblo nunca ha sido ni será la primera opción para los políticos.

Si sabemos realmente, que los políticos engañan al pueblo con falsas promesas. ¿Porque entonces, volvemos a darles el voto? Ahí comienza la raíz de todos los problemas que afectan a la población. Nosotros, el pueblo con nuestras acciones al permitirles revalidar, después de todos los atropellos contra la población, validamos sus acciones y los animamos a que siga la corrupción, la malversación, la injusticia, la marginación y el discrimen. ¿Porque lo hacemos? Si al hacerlo, aceptamos como bueno todo lo malo que hacen. El pueblo es responsable de que existan los políticos corruptos al validar con el voto todo lo malo que hacen. Perdemos el instrumento más valioso dentro de la llamada democracia, el voto.

Llevamos más de cien años bajo un sistema de gobierno copiado de otra nación, con características diferentes. Nuestro sistema de gobierno, con el concepto republicano de gobernar y nuestra democracia, no son más que una falacia. En cambio, las ideas emprendedoras de gente que no le temieron al cambio nos trajeron de la edad de piedra a la actualidad. No podemos tenerle miedo al cambio, no nos podemos conformar, hay que luchar para mejorar lo que tenemos. Por nosotros y las futuras generaciones no podemos seguir permitiendo la marginación, el discrimen, el aumento en la brecha que divide las clases sociales. No podemos seguir permitiendo la opresión de parte de quienes dirigen nuestro país. Saquemos fuera al que pretenda vivir con privilegios y en la opulencia mientras el pueblo vive grandes necesidades y limitaciones.

Analicemos nuestra realidad actual, dejando a un lado el fanatismo que nos ciega y no nos deja pensar bien en el colectivo. Pensamos solo en nosotros como individuo y eso lo aprovechan muy bien los políticos. Veamos la realidad, la mayoría de la población vive con necesidades y limitaciones, pero sigue siendo la mayoría. La minoría, que le pide sacrificios a la mayoría necesitada por el bienestar del país, viven en la opulencia y sin sacrificar nada en beneficio del país. En esa minoría están los políticos de este país y quienes somos la mayoría los miramos desde abajo y de forma sumisa aceptamos la opresión a la que nos tienen sometidos esa minoría. Esa, es nuestra realidad, la que vivimos a diario. Nosotros, el pueblo tenemos la obligación de combatir al gobierno que nos oprime.

No estamos educados para la lucha armada, somos en el fondo gente pacífica. En ocasiones, la necesidad, el coraje, la humillación y la frustración nos inducen a la violencia. Violencia del pueblo contra el pueblo. No aprendemos a combatir contra quienes nos causan daño, sabemos y no queremos combatir a quienes nos abusan. Ellos son los grandes intereses económicos, quienes discriminan contra el pueblo, por el privilegio que tienen de controlar el poder político. Dejemos el apasionamiento y el fanatismo que no nos deja razonar, seamos un pueblo que piensa. Un pueblo con la voluntad de vencer a quienes nos impiden nuestro pleno desarrollo y bienestar. Tenemos el arma más poderosa que nación alguna pueda utilizar, de la forma más efectiva. Arma, que quienes tienen derecho a utilizarla, no lo han hecho de forma efectiva. Algunos por falta de interés, otros por desconocimiento de su verdadera importancia, fuerza y valor, otros por su beneficio personal. Nunca ha sido bien utilizado, porque cuando lo ejercemos, lo hacemos por candidatos impuestos por los partidos políticos, no para beneficio del pueblo, se benefician los grandes intereses quienes controlan a los partidos políticos. Esa poderosa arma que nunca hemos utilizado efectivamente, es el voto.

No existe nada que tenga más fuerza, ni que pueda generar cambios más significativos, que requiera menos esfuerzo y que genere menos violencia que el voto. Su valor será incalculable cuando se use de forma correcta. Los resultados serán realmente significativos. Los problemas tenemos que enfrentarlos y combatirlos desde la raíz. La raíz de lo que está destruyendo nuestro país, en lo económico, social y espiritual está en nuestros dirigentes y sus prioridades, para que y en beneficio de quien gobiernan. No puede seguir siendo para beneficio de los pocos y en perjuicio de los muchos. Está en manos del pueblo la decisión final. Que no revalide ningún incumbente, no importa a qué partido pertenezca. Que comience el pueblo a dejarse sentir. Ni una marginación más debe permitirse, ni un prejuicio más, no más discrimen. Que acabe la opresión. Acabemos con los partidos políticos, erradicación total.

CAPITULO 2

LA HONORABLE LEGISLATURA, CÁMARA Y SENADO

Como vamos a gobernar o elegir a quienes en lo adelante regirán los destinos de nuestro país. Antes de entrar en ese análisis veamos áreas específicas de un gobierno que no funciona. Miremos la legislatura, cámara y senado. La llamada casa de las leyes, sin dudas uno de los sitios donde más se violan las leyes. Empecemos señalando, que el nuestro es uno de los países más sobre legislado. Tenemos centenares de leyes que no aplicamos nunca, porque quienes deben aplicarlas desconocen su existencia. Otra cantidad significativa fueron legisladas para beneficio de unos grupos de interés específico, que en nada benefician a la ciudadanía. Se ha preguntado el ciudadano común alguna vez, porque existen tantos cabilderos en la legislatura, contratados por quien y para beneficio de quien. Esos cabilderos son pagados por los grandes intereses económicos para que se legisle en su favor. Cuando eso ocurre no hay ningún beneficio para el pueblo. De esos cabilderos, pregúntense pueblo, quien obtiene beneficio. No solo pagamos, nosotros el pueblo el salario de los legisladores, quienes piensan muy poco, sino también el de sus asesores que piensan por ellos. También pagamos secretarias y todo personal de oficina imaginable, incluyendo un conductor asignado a cada legislador. No olvidemos incluir las onerosas dietas libres de impuestos.

No son nombres los que importan al momento de pasar juicio sobre las atrocidades que a diario ocurren en la legislatura. No podemos seguir validando las acciones de estos honorables que tanto daño le hace al pueblo. Sus actos no pueden seguir impunes ante la opinión pública. A diario conocemos de cómo se enriquecen, lo posiblemente nada que hacen en beneficio del pueblo. Veamos la realidad, comparemos a la legislatura con una empresa que genera determinado producto. Que la convierte en una empresa exitosa, un producto de calidad con mucha demanda. Que cuando es producido a un costo razonable, podemos ofrecer buenos precios y producen buenas ventas. El producto es costo efectivo, quiere decir, que la materia prima utilizada y los costos de producir lo que llevamos al mercado están razonablemente en el justo precio de venta, lo que produce ganancias. Eso es parte de lo que hace a una empresa exitosa.

Analicemos lo que ocurre en la legislatura, cuyos miembros deben producir legislación que beneficie al pueblo. Conocemos de la cantidad significativa de legisladores por habitantes en nuestro país. La cantidad de asesores y ayudantes, sueldos y dietas, de cada legislador. Súmele los llamados viajes a talleres y seminarios pagados por la legislatura de fondos del pueblo. Estos viajes, más de placer que para ningún otro propósito, no producen beneficio más que para quien disfruto el viaje y la estadía en un buen hotel. Cuando vemos lo que le cuesta la legislatura al pueblo y los beneficios que este país obtiene de las operaciones o trabajos de esa legislatura, horrible. Números en rojo, nuestra legislatura, nuestra empresa fracasada. Los legisladores los grandes ejecutivos de nuestra empresa. Altos sueldos y comisiones que nosotros, el pueblo seguimos pagando. Donde estamos al día de hoy, con unos legisladores viviendo en la riqueza y un pueblo sumido en la miseria. Hasta cuando, vamos a seguir permitiendo que los partidos políticos gobiernen los destinos de nuestro país. Cuanto más vamos a esperar, comencemos la lucha contra quienes nos oprimen y limitan nuestro bienestar. No es fuerza ni violencia lo que se necesita para vencer, para que cambie la situación desastrosa en que nos hemos sumido, lo que necesitamos es voluntad, para el logro de un mejor porvenir.

Sigue siendo el pueblo el verdadero responsable del desastre en el que nos encontramos hoy. Todo por haber permitido durante tantos años, que gente sin escrúpulos nos gobierne. Cuantos miembros de la legislatura han sido señalados por algún acto ilegal, corrupción, robo, malversación de fondos públicos, hostigamiento sexual, fraude y otros delitos. Cuantos han sido convictos del total de los que cometen delitos. Cuántos de ellos se codean con delincuentes conocidos, quienes se pasean por las oficinas de llamados honorables legisladores. Legisladores que son convictos en las cortes estatales y federales y los partidos políticos reclutan a sus hijos o parientes para que integren la legislatura. Pregúntense, en cuantas ocasiones, la razón de esos reclutamientos, es la compra de silencio. Es la protección de otros delincuentes que no fueron señalados. Posiblemente uno de cada cien delincuentes es detestado. Lamentablemente vemos como muchos delincuentes siguen siendo honorables. En todas las esferas del gobierno encontramos, gente falto de valores, principios y moral, sin integridad, pero con muy buenas finanzas. Pensemos, si la legislatura está compuesta por personas que aman el servicio público, porque hay tanto lucro entre los legisladores. Porque ellos siempre están excluidos de las penurias y los tiempos de crisis. Cuantos legisladores salen del servicio público como cualquier asalariado, en términos económicos. Tal vez, ninguno.

Muchos ven el servicio público, como un trabajo lucrativo, más bien como un negocio lucrativo. En cuantas ocasiones hemos oído decir a legisladores, cuando hay un señalamiento en contra de uno de sus correligionarios, que hay que diferencial entre los que le sirven al pueblo, de los que se sirven del pueblo. A la verdad que entre sus muchas virtudes hay que incluir, su cinismo. Porque a la verdad que hay que ser bien cínico para una aseveración como esa y pensar que el pueblo la crea. Ver los privilegios con los que viven sin preocuparse por las necesidades del pueblo, es sinónimo de servirse del pueblo. Puesto que esos privilegios, son adjudicados por ellos mismo, o sea, que ellos legislan para su entero beneficio. El solo estipendio para transportación es mayor que el salario de muchos empleados públicos padres y madres con necesidades. Dietas libres del pago de impuestos, que en un año son mayores por cada legislador que el sueldo anual de varios empleados públicos.

Dietas que cobran algunos casi diariamente, hasta los fines de semana, utilizando las más insólitas justificaciones para el cobro de las mismas. No hay la más mínima posibilidad de que algún legislador, con esos beneficios, mientras el pueblo está en crisis se le pueda llamar servidor público. Ni uno solo de ellos cualifica para una adjudicación tan honorable como la de un servidor público. Más sin embargo continúan sirviéndose del pueblo y nosotros los continuamos llamando honorables. Somos o no los responsables de la crisis en la que nos encontramos. Hasta cuando, vamos a continuar permitiendo esas injusticias. Que sigan impunes, enriqueciéndose a costa del pueblo que los eligió y que hoy sufre las consecuencias de esa mala decisión. Levantémonos con las armas de la vergüenza y la dignidad y erradiquemos el mal de raíz. Que no revalide ni uno solo de los incumbentes.

Da grima, oír a legisladores justificando los altos gastos en los que incurren en sus funciones, señalando el tanto por ciento tan bajo del presupuesto operacional del gobierno que les corresponde. No es que de nueve mil millones del presupuesto les asignen 200 millones, es que esos millones sean bien utilizados. Cuántos de estos legisladores están por más de 20 años es la legislatura, sin una producción que justifique sus ingresos. Luego salen de la legislatura y siguen malgastando los dineros del pueblo en otras posiciones dentro del gobierno, en o fuera de la legislatura. Continúan enriqueciéndose impunemente y legando a hijos y familiares puestos de privilegios en el gobierno.

Nuestros honorables legisladores, legisladores de tres partidos políticos, cuando están en campaña política, se tratan como enemigos. Nunca destacan las virtudes del contrario, solo hablan de su mala reputación. Nosotros, el pueblo no los oímos en ese momento cuando quizás, es la única ocasión en que hablan la verdad de su adversario político. Cuando están en la legislatura, son compañeros para defenderse en las buenas y en las malas. Se protegen mutuamente, ya no son adversarios. Es por eso que es bien difícil detestar las atrocidades que ocurren en la legislatura. Se investigan y se exoneran de todo delito ellos mismos. Una verdadera mafia chiquita. Hoy por ti mañana por mí, santo y bueno. El ejemplo más sencillo y que envuelve principios éticos y morales es el de una pareja, ambos legisladores, casados, que viven bajo un mismo techo y representan distritos diferentes. Un verdadero comité ético de la rama legislativa, los exoneraría de cualquier violación, posiblemente no. Porque entonces, el pueblo en el concepto de voto mayoritario los exonera. Porque el pueblo sigue siendo responsable de toda la delincuencia que se genera en la legislatura. Será por dejadez, ignorancia, conveniencia o fanatismo político. Sabemos que el fanatismo, nubla el entendimiento y no nos permite razonar.

Los legisladores, como todo político están expuestos continuamente a la opinión pública. Como en todas las situaciones de la vida, existe la posibilidad de legisladores bien intencionados, lo difícil es poder identificarlos. No voy a identificar con nombres, ninguna situación o acto que implique delito cometido por funcionario público alguno. Identificando los problemas y sus posibles causas, podemos encontrar posibles soluciones. Señalar personas, es criticar y esa no es la intensión de este escrito. Es bien fácil criticar, pero difícil el solucionar problemas. Los políticos que se sientan aludidos reaccionaran, los que no, permanezcan callados y el pueblo que adjudique.

Será bueno preguntarnos, ¿existirán legisladores de conducta intachable, legisladores de integridad probada? Cualquier persona puede ser el corrupto más grande, un pervertido sexual, la persona más maligna, un delincuente en todo el sentido de la palabra. Pero mientras nadie lo descubra, puede verse como la persona más ética, una persona con los más altos valores y principios, un llamado honorable. Créanme que en la legislatura los hay y muchos, tantos que ya se sienten inmunes. Aunque se protegen en sus fechorías, el pueblo los conoce y aun así valida sus actos. Es el pueblo el único responsables de que continúen haciendo fechorías.

¿Porque lo hacemos? Es que nos sentimos tan inferiores, tan incapaces, tan conformistas, que preferimos que mediocres oportunistas nos manipulen. Hasta cuándo vamos a seguir permitiendo que los partidos políticos controlados por los grandes intereses económicos continúen oprimiéndonos y limitando nuestro derecho al pleno desarrollo como pueblo. La decisión es nuestra, somos dueños de nuestro propio destino. Terminemos con el fanatismo y el parasitismo, levantémonos, que ni un político más dirija nuestro destino. Que ninguno de los actuales revalide. Terminemos con el paradigma de los partidos políticos. Se preguntaran como rayos se podrá gobernar y dirigir el país sin los partidos políticos.

En cada cuatrienio encontramos funcionarios de gobierno elegidos por el voto del pueblo, que le faltan al favor del pueblo y se convierten en delincuentes, quienes luego de un juicio público son obligados a renunciar. Aunque un tanto por ciento significativamente alto de estos funcionarios corruptos no son detectados, los que sí lo son, la maquinaria de los partidos políticos los fuerza a renunciar y deja la posición vacante. Los partidos políticos lo hacen no para beneficio del pueblo, sino para beneficio del partido político que lo postulo para la posición. Cuando un funcionario de gobierno electo por el voto del pueblo, falla en sus funciones a beneficio del pueblo y tiene que renunciar, lo que la llamada democracia debe disponer, es que esa posición electiva pase a ser de los votantes del área específica donde fue elegido y no de ningún partido político. Cuando los partidos políticos eligen un sustituto por medios alterno o por el voto de afiliados a esa institución política, se le falta a la democracia, pues se le coarta el derecho a elegir a quien los representara, a una parte significativa de votantes. Las posiciones electivas son sometidas al escrutinio público por los partidos políticos y de los candidatos postulados, solo uno es elegido por el voto de las personas hábiles para votar. Ese candidato electo aunque pertenezca a un partido político representa a todos los votantes sin importar la afiliación política.

Lo más correcto dentro de una real democracia es que cuando un funcionario electo le falte al pueblo y sea acusado, condenado u obligado a renunciar esa posición disponible debe pertenecer a la persona que ocupo la segunda posición en la elección. La segunda opción dentro de una verdadera democracia sería la de una nueva elección con un representante de cada partido político. De esa forma evitaríamos la imposición por parte de los partidos políticos de candidatos que respondan a la maquinaria política y no a los mejores intereses del pueblo. La historia nos enseña que los escogidos por los partidos políticos en su mayoría o son familiares de políticos corruptos o alcahuetes de político, no existe la verdadera democracia en ese aspecto en específico.

O es que queremos convertir a la política en un mal social tan necesario como la prostitución. No podemos seguir llamando servidores públicos a los políticos de oficio, que no sacrifican nada en beneficio del pueblo necesitado. Que no sigan utilizando la famosa frase de "vine al servicio público a dar lo mejor de mí en beneficio del pueblo" En lo adelante solo lo llamaremos funcionario de gobierno o empleado de gobierno. Gente que en muchas ocasiones se convierten en empleados de gobierno sin las mejores credenciales y sin realizar un trabajo eficiente obtienen grandes beneficios económicos. Eso es parte de la gran lacra que representa el partidismo político en nuestro querido país.

CAPÍTULO 3

DEJEMOS DE ESCUCHAR CON INTENSIÓN DE REFUTAR Y COMENCEMOS A ESCUCHAR CON INTENSIÓN DE COMPRENDER

Hablemos de otro aspecto de mucha trascendencia en nuestro país, el aspecto económico. Puerto Rico es un país de muy buenos economistas, buenos conocedores de los aspectos técnicos de la economía, de sus fundamentos. Más sin embargo el país está mal económicamente ¿Por qué? ¿En que fallan los economistas? Fundamentalmente el partidismo político afecta todas las esferas de la vida puertorriqueña y los economistas no son la excepción. Los economistas, son especialistas en estudios de fenómenos económicos. Los que están contratados por el gobierno, bajo el control de los políticos, sus análisis y aseveraciones tienen que ser cónsonas con las conveniencias políticas. Lo que piensan y dicen los economistas de otra afiliación política no lo aceptan quienes toman las decisiones, los políticos. A los que no están afiliados a ningún partido político, que son los menos, pero los mejores no le aceptan sus opiniones.

Los políticos quienes son los que gobiernan en el país, contratan todo tipo de asesores incluyendo los económicos. Estos por lo general son de la misma afiliación política de quienes gobiernan. Tal vez colaboradores de la plataforma política del partido, por lo tanto, las propuestas de quienes estuvieron antes se anulan no importa que tan efectivas puedan ser. Para los partidos políticos no es aceptada la buena aportación que beneficia al pueblo propuesta por la oposición política.

Los políticos rinden servicio y trabajan para los partidos políticos y su principal preocupación es la oposición política, no el pueblo.

Podemos definir la economía como el arte de administrar y organizar los ingresos y gastos. La economía política, como la ciencia que estudia los mecanismos que regulan la producción, repartición y consumo de la riqueza pública. Las teorías económicas son muchas, pero todas parten de un principio básico, producción. Las economías exitosas están basadas en una sólida producción de bienes y servicios. Donde la exportación supera la importación, cuando consumimos más de lo que producimos no hay espacio para la exportación. No puede existir una economía exitosa sin una buena fuente de producción.

Puerto Rico nunca ha tenido un desarrollo económico ni siquiera aceptable. Hemos vivido bajo una falacia, producto de las ayudas norteamericanas, denominadas por muchos como, mantengo. Más de la mitad de la población que no produce, vive de las ayudas federales, un tanto por ciento significativo de las personas empleadas es parte del gobierno, uno de los mayores empleadores. Dentro de ese grupo hay un tanto por ciento corrupto, que saquea los dineros del pueblo en cantidades de varios cientos de millones. Del por ciento restante, que sostiene económicamente, a los que no trabajan y a los corruptos del gobierno; una cantidad significativa trabaja para empresas de capital extranjero. Estas empresas de capital extranjero reinvierten gran parte de sus ganancias en su país de origen.

Gran parte de las ayudas económicas que recibimos de los Estados Unidos, la gastamos en empresas de capital norteamericano. Mejor dicho, la mayor parte del dinero recibido regresa a su lugar de origen, no se reinvierte aquí en Puerto Rico. Importamos la mayor parte de lo que consumimos, por lo tanto, las ganancias van al país de origen de ese producto que importamos La realidad es que somos una economía de consumo, una economía empobrecida que colapso ante la globalización, de la que no somos parte, por nuestra condición política y el colapso económico mundial.

Una realidad mayor es, que la mayoría de esas economías, tal vez en un periodo de años no muy prolongado, se recuperen. La nuestra, por el modelo económico al que la han sometido los partidos políticos, por su propia conveniencia nunca se va a recuperar y eso lo saben todos los economistas de este país. El modelo existente no nos permite la producción de capital para el desarrollo económico del país.

No existe un solo país autosuficiente, todos de alguna manera necesitan de los recursos de otros países. No todos los países con las mayores reservas de recursos naturales tienen las economías más desarrolladas. El mayor recurso de un país, es su gente, en el nuestro, por la condición política, no se ha desarrollado ni utilizado al máximo. La realidad es que no producimos bienes de consumo para sostener una economía saludable, pero podemos exportar servicios, tecnología, patentas. Podemos desarrollar la agricultura, la ganadería, la pesca comercial la industria local, el turismo. Hay alternativas, pero queremos seguir viviendo del mantengo y la opresión del poder político y económico.

La industria de la pesca es un ejemplo claro, de la opresión y el daño económico causado por los políticos. Todo el quehacer diario del pueblo en busca de subsistencia es regulado por el gobierno. Cuando hablamos de regulación, hablamos de limitación, de imposición de permisos, establecimiento de cuotas, pagos al gobierno, imposición de multas. Es constante la obstrucción al pleno desarrollo de la pesca comercial. Por las trabas que impone el gobierno, la pesca, nunca será un negocio sustentable. El político que gobierna siempre tiene sus miras en cómo obtener beneficio económico de toda actividad que realiza el pueblo trabajador. Cuando la prioridad debería ser ayudar al pueblo, al logro pleno y al éxito total de toda actividad lícita que realiza.

CAPÍTULO 4

LA PUNTA DE LANZA DE LA POLÍTICA COLONIAL NORTEAMERICANA

La aprobación de la Ley Foraker el 12 de abril del 1900 o Acta orgánica de 1900 fue la punta de lanza de la política colonial norteamericana y de los principios del imperialismo, los cuales garantizaban la seguridad de los mercados norteamericanos y el derecho a disfrutar los bienes y beneficios esperados bajo ese imperialismo. Estableció en ley, el poder plenario del Congreso sobre el territorio de Puerto Rico, quedando instituido lo que hasta hoy somos, una colonia. ¿Fue acaso la Ley Foraker lo que muchos piensan, la cosa más antiamericana que aquí se hizo? ¿O la verdad de lo que es el pensamiento norteamericano? Como dijo Luis Muñoz Rivera: "No existe en ella ni la más leve sombra de un pensamiento democrático" ¿Fue bien intencionada o favorable a Puerto Rico la imposición de esta ley? La carta autonómica de 1897 concedida por España dio a los puertorriqueños derechos y poderes mucho más amplios que los concedidos bajo la Ley Foraker.

La imposición arbitraria de esta ley orgánica atrasó el desarrollo social y económico del país. Socialmente por el empeño de americanizar a una población distinta en cultura e idioma y con un tanto por ciento significativo de analfabetismo. En lo económico, todo el sistema comercial local colapso ante los cambios arancelarios a las importaciones y exportaciones, imponiéndose las ventajas dadas a favor de los emporios económicos norteamericanos. Con la imposición de esta primera Ley orgánica en el 1900, dos cosas quedaron claras. Que no hubo la más mínima intención de la metrópolis de aplicar la democracia que tanto predican.

Democracia, el engaño que aun al día de hoy una gran mayoría de la población sigue aceptando. Dos, que ante la disyuntiva que esta ley creo, se descubrió que el enemigo más grande del puertorriqueño es el puertorriqueño mismo.

Durante muchos años nos han hecho creer en la caridad del gobierno de los Estados Unidos. De cómo nos mantienen, de las dádivas con las ayudas federales. La verdad es que para los americanos somos un buen negocio, si no, de otra manera no continuaríamos siendo su colonia. Ninguna nación se convierte en la más poderosa económicamente regalando parte de su riqueza. Las ayudas federales, son una devolución de parte de las ganancias que obtienen del buen negocio que somos para ellos. Recibimos a sobre precio todo el excedente agrícola, excedente que no es de la mejor calidad. Igual nos pasa con las carnes y todo objeto o cosa manufacturado en los Estados Unidos. El no pago de rentas, por las miles de cuerdas de terreno que tienen en uso. Las leyes de cabotaje nos obligan a utilizar, la marina mercante más cara del mundo, lo cual implica cientos de millones adicionales en costos de importación y exportación. Estamos subvencionando a la marina mercante más cara del mundo. Dicho de otra manera, en proporción somos su principal cliente.

Si la base de la economía de un país, es lo que exporta e importa, si a esas importaciones, le imponemos aranceles de control y utilizamos el medio de transporte más caro, cómo fortalecemos nuestra economía si encarecemos nuestros productos de consumo, lo que disminuye nuestras posibilidades de inversión. Como desarrollamos la industria local, cuando todas las ventajas contributivas y de subsidio son para empresas extranjeras. La excusa, creación de empleos, le brindamos obreros diestros a precios de miseria. Las ganancias reinvertidas en el extranjero. Digno esfuerzo por levantar nuestra economía. Los beneficios son para la economía norteamericana. Somos hasta ahora un buen negocio para los norteamericanos. Seamos realistas, no los miremos como monjitas de la caridad, son en realidad grandes comerciantes. Los Estados Unidos, tienen el poder y la autoridad para concedernos, o la estadidad, o la independencia y hasta ahora, ni la una ni la otra. Las razones son puramente políticas y económicas.

Con la independencia, la mayoría de la población con ciudadanía norteamericana, a quienes durante mucho tiempo les han hecho creer que sin ellos, nos morimos de hambre, emigraría sin control a los Estados Unidos, donde el americano común no nos mirara como sus iguales. Eso no es políticamente viable, ni económicamente tampoco. Los primeros que emigraran a los Estados Unidos, será el más del cincuenta por ciento de la población que no trabaja y que vive de las ayudas federales. No están acostumbrados al trabajo o mejor dicho los políticos los han acostumbrado al mantengo. Todo el tiempo los políticos están, para su propia conveniencia, buscando ayudas federales y estatales para perpetuar el mantengo. No hacen nada por cambiar esa cultura de dependencia, por una de gente productiva. Ese legado es uno de los mayores impedimentos, para permitirnos la independencia.

Junto con la emigración, en su mayoría de los que no trabajan, están los problemas sociales, producto del choque de culturas, el aumento de la delincuencia, los problemas de salubridad. La necesidad de servicios de salud y la carga económica para cada Estado donde ubiquen su residencia.

En busca de la estadidad, los anexionistas y los republicanos en Puerto Rico han malgastado cientos de millones de dólares, en cabilderos a favor del ideal. Para los cabilderos norteamericanos, esto es y ha sido un negocio bien lucrativo por décadas. Es dinero del pueblo de Puerto Rico, malgastado a sabiendas de que el congreso de los Estados Unidos nunca, entiendan bien, nunca nos aceptara como estado. Eso lo saben los políticos en Puerto Rico y ni aun con toda la supuesta cantidad de ayudas federales, ni con todo el poder económico ni con el enorme gasto publicitario, han logrado prevalecer en ningún plebiscito realizado en Puerto Rico. El congreso De los Estados Unidos No nos quiere como estado. No nos ven, ni nos sienten como sus iguales

Los estadistas o anexionistas, piensan o están bajo la tesis, de que con la estadidad vendrá la paridad con los demás estados en las ayudas. Los políticos al hacerles creer a los americanos, que somos un pueblo empobrecido y con poca educación, con la intención de conseguir más ayudas federales, solo han conseguido que nos vean como una carga económica y un mal social. Eso se ha convertido en un verdadero impedimento para la estadidad. La búsqueda de más ayudas a quien más beneficia es al poder económico y a los políticos quienes adquieren más dinero para malversar, produce más corrupción y aumenta las arcas de los partidos políticos.

Es precisamente esa insistencia en buscar ayudas federales, esa dependencia, lo que tiene al país en crisis. La población usa el dinero de las ayudas para consumir, no para producir. La mayor parte de las ganancias de lo que consumimos, se reinvierten fuera de nuestro país. No hay la más remota posibilidad de un desarrollo económico. No producimos porque nos tienen atados al mantengo, que mantiene estancada económicamente a la mayoría de la población, pero produciendo ganancias para los políticos y los grandes intereses económicos. Los políticos siempre obtienen beneficios de todo el dinero que entra a Puerto Rico. Las malas acciones de los políticos son responsabilidad del pueblo que los elige. ¿Porque elegimos políticos para que gobiernen nuestro país? La imagen en detrimento del Puerto Rico que han creado ante el congreso de los Estados Unidos los políticos, los inhabilita para obtener la estadidad.

Veamos la realidad de sistema de gobierno existente en Puerto Rico por los últimos cincuenta y ocho años. Lo llaman Estado Libre Asociado y hay quienes piensan que su nacimiento es producto de la creatividad de Don Luis Muñoz Marín, cuando en realidad fue su padre Don Luis Muñoz Rivera quien la presento como parte de la plataforma del Partido Unión De Puerto Rico en el 1922. Veinte años más tarde en el 1942, cuando ya existía el Partido Popular Democrático, tres puertorriqueños militantes de ese partido, Rafael Cordero, Enrique Campos del Toro y Miguel Guerra Mondragón le propusieron al entonces gobernador norteamericano de Puerto Rico Rexford G. Tugwell lo siguiente.- Alegando que el pueblo de Puerto Rico, no estaba preparado para la anexión a los Estados Unidos de Norte América, El Estado Libre Asociado seria la fórmula preparatoria para una futura anexión-. Así aparece escrito en el libro El Arte de la Política de Rexford G. Tugwell en el 1958. Muñoz Marín fue solamente su propulsor, no su creador, el verdadero creador del Estado Libre Asociado fue Don Luis Muñoz Rivera.

La creación del Estado Libre Asociado, es la justificación de lo que en realidad somos, un pueblo sometido. Es la aceptación de un pueblo a quien han hecho creerse inferior, un pueblo que no puede valerse por sí mismo, que sin la ayuda o caridad de los Estados Unidos no podremos subsistir. Ningún país que se respete a sí mismo, puede aceptar subordinarse a otro país. La razón de esa aceptación, más que por la hambruna y la necesidad, es por el engaño al que nos han sometido por más de un siglo los partidos políticos. En busca de su propio beneficio, han examinado soluciones simples a los graves problemas de nuestro país, tal vez por su poca capacidad, o por su falta de interés en conocer las verdaderas necesidades de la población. Cuando desconoces los problemas por la razón que sea, no podrás encontrar solución a los mismos.

Nunca hemos tenido un verdadero líder, uno para quien el pueblo sea su prioridad. Todos están subordinados a los partidos políticos, esos son su prioridad. El interés político, históricamente ha estado por encima del interés del pueblo. Por siglos bajo el dominio español, estuvimos en la marginación, el prejuicio y la opresión, que nos llevó a la mala alimentación, mala salud, mala educación y a la pobreza que no existía antes de su llegada. La pobreza en América comenzó con la llegada de los españoles y continúa en aumento en nuestros días. En el mil ochocientos noventa y ocho, creímos ver llegar la salvación, el alivio a nuestros males, ¡Maldición!, seguimos siendo gobernados por políticos. Continúo la marginación, el prejuicio, la opresión, seguimos siendo tan pobres como antes. Continuaron las mismas necesidades, la mala alimentación, mala salud, mala educación y un aumento en la criminalidad y las injusticias. Mientras tanto los políticos continúan aumentando sus ganancias, pasaron de ser posibles buenos servidores públicos a ser parte de una clase privilegiada. Una clase privilegiada, a quienes la crisis económica que nos afecta a nivel mundial, no los afecta ni hace más pequeños sus bolsillos.

Cuando los españoles llegaron a nuestras costas hace más de quinientos años, nuestros ancestros, los indios tainos, pensaron que eran dioses y se rindieron a sus pies. No fue hasta que ahogaron a Diego Salcedo en el rio, que supieron que eran mortales y los combatieron. Se revelaron, lucharon y murieron defendiendo sus derechos. Con la llegada de los norteamericanos en el mil ochocientos noventa y ocho, un nuevo pensamiento nos anima, la liberación de los abusos, de los colonizadores españoles. Nuestra salvación, la liberación de la opresión, la marginación y la hambruna, engaño cruel que al día de hoy, nos cuesta aceptar.

Con la llegada del extranjero, continuo la opresión, la marginación, todavía existe el hambre y el efecto psicológico de hacernos sentir inferiores, trauma que hasta hoy no ha podido superar el puertorriqueño. Nos han llevado a la sumisión, al servilismo, al enñangotamiento. El efecto de hacernos sentir inferiores, es el abuso más cruel, cometido por el imperio. Con la excusa de sacarnos de la hambruna, nos sometieron, limitaron nuestras aspiraciones a convertirnos en un pueblo libre y sin que nada nos limitara a la búsqueda de nuestro pleno bienestar y desarrollo como pueblo. Los indios tainos tardaron menos tiempo en darse cuenta que los españoles no eran dioses, que eran mortales. Que ellos, los tainos podían luchar por una mejor existencia. Aun cuando las condiciones no son tan adversas como en aquellos tiempos, nosotros el pueblo puertorriqueño, no hemos podido dejar de sentirnos inferiores al opresor extranjero.

Luego de la llegada, de los norteamericanos en el mil ochocientos noventa y ocho, los residentes en Puerto Rico, los hacendados y los ricos comerciantes pensaron en la bonanza económica. Cuando esto no sucedió, surgió la resistencia, dejaron de ver al americano, como el salvador, como esa luz al final del camino y ahí comienza el llamado nacionalismo. Para el negro puertorriqueño, la llegada del americano, significo la liberación de la opresión y la marginación a la que estaban sometidos bajo el régimen español. Por eso la justificación que todavía al día de hoy tengamos tanto negro puertorriqueño anexionista. Hubo quienes pensaron que como era posible que habiendo tanto discrimen hacia los negros en los Estados Unidos, donde los atacaban con tanta violencia física que en muchas ocasiones les causaban la muerte, existirá tanto deseo de anexión por parte de los negros puertorriqueños. Toda esa violencia contra el negro en los Estados Unidos, era desconocida por los negros puertorriqueños, que solo conocían de lo malo que eran tratados por el régimen español. De ahí comienza el anexionismo negro, que ha sido perpetuado hasta nuestros días, por el engaño de los políticos.

Existen otras economías en América latina, más exitosas que la de Puerto Rico. Economías que están saliendo de la crisis que se creó a nivel mundial y se están estabilizando. Puerto Rico, por nuestra situación colonial, estamos y continuaremos estancados económicamente. No somos parte de la globalización ni del libre comercio con otras naciones, cualquier acuerdo comercial es por medio de o con la avenencia de los Estados Unidos. Nuestros modelos económicos y políticos no funcionan, no insistamos con ellos.

Los políticos en nuestro querido país, han creado sin la ayuda de los grandes economistas, dos sistemas económicos. Uno de subsistencia para el pueblo marginado y otra sustentable, progresista y exitosa para los políticos, los grandes intereses económicos y los narcotraficantes. Mientras a la población día a día se le aplica un nuevo impuesto, contribución o arbitrio por cada artículo de primera necesidad o cada servicio que nos provee el gobierno. Vemos contrariados como los aumentos en los recaudos del gobierno, no van a la par con el deficiente servicio que ofrece a la población. Trabajamos y producimos para subsistir

CAPÍTULO 5

SIN CONFIANZA NO HAY COMPROMISO Y SIN COMPROMISO NO HAY POSIBILIDAD DE ÉXITO.

Podemos entender lo que es verdaderamente el servicio público y quien paga a esos llamados servidores públicos. El servicio público, es un servicio que debe ofrecer el gobierno a sus ciudadanos sin fines de lucro. La razón, quienes ofrecen los servicios son pagados con los dineros del pueblo, los recursos que utilizan para ofrecer los servicios y el inmueble desde donde los ofrecen son pagados por el pueblo. Más sin embargo, no todos ofrecen un servicio de calidad

A la ciudadanía, la mayoría de los ofrecimientos del gobierno, impone requisitos de servicios que implican erogación de dinero. Todo en beneficio de quienes gobiernan y en perjuicio de los ciudadanos a quienes se les sigue achicando sus ingresos.

Cada nueva legislación implica un nuevo impuesto para el ciudadano, nuevos requerimientos, pero no un mejor servicio. Existe en verdad el servicio público, se ofrecen los servicios de forma gratuita al pueblo y con la calidad requerida. ¿Podemos llamar a todos los empleados del gobierno servidores públicos? no a todos. ¿A quiénes entonces? En educación a los maestros de la sala de clases, orientadores, trabajadores sociales, directores y empleados de comedores. A los profesionales de la salud, todos mal pagados por el gobierno pero ofreciendo el servicio de calidad que merece el ciudadano. En la policía, con las exigencias de cuotas en multas al ciudadano, lo que implica sacar del bolsillo de un pueblo en crisis económica muchos millones de dólares, que en nada ayuda a minimizar la criminalidad, las deficiencias en servicios y la inseguridad ciudadana, opaca el buen servicio de miles de buenos agentes. Son muchos los que se hacen llamar servidores públicos, pero pocos lo son en realidad.

Cada nueva imposición de costos por servicio por parte del gobierno, implica menos dinero en el bolsillo de la gente trabajadora, un aumento en las necesidades, un empeoramiento de la poca calidad de vida que les queda, un aumento en la miseria. Los políticos han llevado al pueblo trabajador a trabajar para subsistir.

Los políticos por su parte viven a todo lujo, sueldos y beneficios fabulosos. Automóviles de lujo, chofer, servidumbre. Todas las comodidades que pueden darse las personas en una economía exitosa, como sabemos que no es la nuestra actualmente. Junto con los políticos están los grandes intereses económicos, muchos de los cuales son poderosos por su relación con ellos, los políticos. Conocemos de muchos empresarios que chantajean a políticos corruptos y entre ambos le roban el dinero al pueblo y el pueblo los llama empresarios exitosos. Cuantos empresarios exitosos podrán estar viviendo bien con los dineros del pueblo, cuántos de ellos pudieran ser detectados robando o chantajeando estando bajo la protección de quienes los investigan. No hay poder mayor que el del dinero, ese es el dios de las personas con poder en nuestra sociedad.

Los narcotraficantes entre quienes también encontramos honorables, viven a todo lujo, envenenando con drogas a gran parte de la población, quienes a su vez, producen todo tipo de delito, para pagar su vicio ¡Que mucha juventud perdemos en el maldito vicio de las drogas! Cuantos políticos prominentes, profesionales y empresarios exitosos se esconden bajo la sombra del narcotráfico. Es fácil distinguir a una persona que no trabaja, pero vive en una mansión de más de un millón de dólares y conduce autos de lujo. Quién cuestiona o investiga a estos empresarios de la droga, la corrupción, el chantaje, el engaño y la intimidación. Para el pueblo humilde y trabajador la economía es un desastre y requiere de sacrificios para tratar de levantarla. Para los políticos, los grandes intereses económicos y los narcotraficantes su sistema económico es cada día más exitoso. No es falsedad ni engaño, es la realidad que vemos todos los días. Si no luchamos para eliminar la plaga que nos enfermas, estaremos destinados al exterminio como pueblo. Mientras nos sigan gobernando políticos, no va a mejorar la situación, económica, social, emocional, ni espiritual. La moral, los principios y los valores seguirán cayendo en picada. Solo si logramos, que ni un solo político revalide, iniciara la verdadera restauración de nuestra nación.

Una de las faltas más graves a la libertad de expresión, es llamar comunistas a todas las personas que comentan en contra de los Estados Unidos. Los gobiernos de todo el mundo, cometen discrimen contra su gente, cometen injusticias, los oprimen, los marginan. Los Estados Unidos no son la excepción, ellos también como nación cometen muchas injusticias. ¿Porque hay que callar los delitos que allí se cometen, las violaciones a los derechos civiles, el racismo, la esclavitud? El haber elegido un presidente afroamericano, no los exime del discrimen por raza. La emancipación de los esclavos a mediados del siglo diecinueve, no acabo con la esclavitud en los Estados Unidos. El discrimen, las limitaciones y abusos contra los indocumentados es una nueva forma de esclavitud en esta gloriosa nación, tierra de oportunidades. El sueño americano, de igualdad de oportunidades para todos.

Cuando los norteamericanos invadieron a Puerto Rico como botín de guerra, encontraron no solo mucha pobreza, también había una pésima infraestructura. Construyeron instalaciones, pero su prioridad no fue el beneficio de la gente pobre, fue el desarrollo de su industria, tanto textil, agrícola y de manufactura, con la utilización de mano de obra barata. Había mucha gente necesitada, el desarrollo fue inminente, pero a costa de sacrificios y miseria.

Luego vino operación manos a la obra, fomento industrial. Comenzó la era de las petroquímicas y con ellas el aumento en la contaminación de nuestras tierras, nuestras aguas, nuestro aire. Hubo un aumento significativo de gente con enfermedades crónicas, surgieron nuevas enfermedades. Comento en una ocasión, un conocido alcalde del área sur, que de algo nos teníamos que morir, mejor de la contaminación, que de hambre, que continúe el progreso y las compañías que nos contaminan. Llegaron las farmacéuticas y con ellas el compromiso de muchos empleos. Surgieron los centros comerciales y sus megatiendas, de capital extranjero. Los inversionistas extranjeros se convirtieron en nuestros patrones. Pasamos a ser parte de la economía norteamericana. Ellos producen y obtienen ganancias extraordinarias pagando salarios bajos y el mínimo de beneficios marginales y con todos los incentivos del gobierno. Ellos producen, obtienen ganancias que reinvierten en los Estados Unidos, donde también pagan contribuciones al gobierno. Las contribuciones que pagan aquí no compensan por los incentivos que se les concede.

NO es que dejemos de agradecer a los Estados Unidos por toda la ayuda en el desarrollo de nuestro país, es que no podemos permitirles las malas acciones en contra nuestra. Es condición Humana agradecer por lo bueno que recibimos, también la de quejarnos por los abusos que en contra nuestra se cometen No es aceptar lo bueno y alegrarnos por lo malo. No es ser malagradecido, ni antiamericano, es ser puertorriqueños realistas. Conscientes de lo que nos afecta como pueblo. No podemos seguir sometidos al fanatismo, ni a los engaños de los políticos.

La función principal de quienes rigen los destinos de nuestro pueblo, debe ser la búsqueda del bien común. No podemos seguir pensando en el bienestar de unos pocos, mientras la mayoría del pueblo, sufre necesidades. Hemos identificado a quienes no buscan el bien común. Todos sabemos cómo vive la mayoría del pueblo, también sabemos cómo viven todos los políticos. Cuantos políticos viven las mismas necesidades que la mayoría de la población. Todos debemos movernos hacia un mismo horizonte, para ello necesitamos verdaderos líderes, personas comprometidas con el bienestar común. Comprobado esta, son muchos años de promesas sin resultados a favor de la población. Mientras existan los partidos políticos, para ellos serán las prioridades de quienes nos gobiernan. Gobiernan los escogidos por los partidos políticos y su compromiso principal, siempre lo han dicho, es con lo que no perjudique al partido. No hay un verdadero compromiso con el pueblo que los eligió. Siempre ha sido así, por qué seguir con lo mismo, si no sirve, ni nos beneficia, dejemos el masoquismo, respetémonos más.

Puerto Rico nunca ha tenido un sistema que promueva una economía sólida o exitosa. Somos una economía basada en el consumo de lo que producen las grandes empresas extranjeras. No sé ha permitido el desarrollo de las empresas locales, estas continúan siendo muy pocas en comparación con las extranjeras. Siempre hemos pensado, que bajo el amparo de la gloriosa nación norteamericana, estamos en continuo progreso, cuando la realidad es que nos estamos quedando atrás con relación a muchas naciones que antes llamábamos tercermundista. Nos estamos quedando rezagados y no nos estamos dando cuenta. Si no reaccionamos y hacemos verdaderos cambios en nuestro sistema de gobierno, llegara el desastre. El golpe definitivo será cuando Cuba, se abra al comercio norteamericano.

Durante mucho tiempo las fuerzas opresoras le han hecho creer al pueblo, lo han adoctrinado de forma tal, que la mayoría de la población piensa que sin la ayuda de los Estados Unidos no podrían sobrevivir, que se morirían de hambre y miseria, cuando la realidad es que con esas supuestas ayudas están en la subsistencia. Les han hecho creer que son una raza inferior. Las personas en las esferas de poder político, económico y social han tenido al resto de la población engañada durante mucho tiempo. Esa es una de las formas de opresión más crueles, la de hacer sentir a la población seres inferiores. Limitan su oportunidad al pleno desarrollo y bienestar. Esa es una de las razones que ha mantenido a los políticos en el poder y viviendo de los recursos que le pertenecen al pueblo. Le roban el derecho al pueblo a una mejor calidad de vida, la misma que ellos disfrutan a expensas de ese pueblo. No se puede seguir permitiendo esos atropellos. Que ningún incumbente revalide, por el bien del pueblo y las futuras generaciones. Para beneficio del pueblo, los partidos políticos no pueden seguir existiendo.

¿De qué forma entonces vamos a postular las personas? si, las personas, no los políticos para gobernar nuestro país. Lo que propongo es realmente sencillo y posible.

CAPÍTULO 6

SOMOS JUSTOS EN LA IMPOSICIÓN DE LA JUSTICIA CUANDO LO HACEMOS BASADO EN HECHOS Y APLICANDO EL DERECHO

Hablemos un poco del sistema de justicia en Puerto Rico y sus méritos. Detengámonos por un momento a pensar si la justicia se aplica por igual a toda la población. Si lo que la jerga popular llama, diferentes varas para medir la forma en que se aplica la justicia en Puerto Rico es cierto. En un país como el nuestro, donde se vive tanta injusticia, donde la mayoría de las familias puertorriqueñas, deben haber sido tocadas por la misma, saben que tan cierto es.

Cuando mencionamos como los partidos políticos influyen o afectan el diario vivir de la ciudadanía, es la judicatura un ejemplo. Cuantas decisiones que afectan a la ciudadanía, son tomadas a diario por los tribunales en nuestro país. Cuando decimos que afectan, hablamos de decisiones injustas motivadas políticamente. Vemos como muchas decisiones en los tribunales son tomadas en perjuicio al ciudadano y no basadas en derecho. En el sistema de justicia puertorriqueño también encontramos corrupción, prejuicio y lo que está ya institucionalizado, la opresión. Todos los jueces son nombrados por políticos, muchos muy bien capacitados otros mediocres, la mayoría con afiliación política. La política partidista que tanto nos afecta, controla muchas de las decisiones de estos honorables jueces. Decisiones que contravienen con el pensamiento o ideología del partido de turno en el poder, suele ser una piedra de tropiezo para una futura nominación en la judicatura. Vemos una vez más el control de los partidos políticos por mediación de sus miembros, de lo que debería ser un sistema de limpia ejecución, la aplicación de la justicia.

Nuestro sistema de justicia tan especial, cuenta con un tribunal insular o estatal y uno federal. Un tribunal federal de jueces y magistrados nombrados por el congreso de los Estados Unidos. Donde los ciudadanos norteamericanos residentes en Puerto Rico son juzgados por delitos cometidos bajo el sistema de justicia norteamericano. Estos jueces son nombrados por políticos norteamericanos, con la recomendación de los partidos políticos locales, por mediación de cabildero pagados con los dineros del pueblo. El pueblo los paga, pero el beneficio es para los partidos políticos y los intereses económicos que los auspician. Seguimos con el control político en la toma de decisiones que afectan a la ciudadanía.

No puede haber competencia, entre cuál de los dos sistemas judiciales comete más injusticias. La justicia debe ser aplicada por igual para todos, sabemos que no ocurre así por la cantidad significativa de revocaciones en los foros apelativos. Quien tiene la razón a la hora de determinar quien imparte mejor la justicia, es quien elimina los prejuicios políticos, sociales y económicos al imponerla. La justicia no tiene nacionalidad, ni color, la justicia como la verdad debe ser siempre la misma. ¿Porque los partidos políticos quieren tomar control de las personas que imparten, lo que llamamos justicia, mediante el nombramiento de personas de su afiliación política o políticos que no recibieron el favor del voto? ¿Estarán pensando en el beneficio del pueblo o del partido político? En el momento de impartir justicia puede haber imparcialidad, pero la afiliación política, al momento de tomar decisiones que afectan la población, pesa, la balanza de la justicia tiene mucha inclinación a favor de determinado partido político. No tiene ninguna justificación el no aplicar la justicia de la forma correcta, una renovación o una mejor posición determinado por políticos, lo utilizarían como excusa. Pero el caso de los jueces del supremo, es insólito.

Cuando los políticos de forma inmisericorde manifiestan la importancia del control político del tribunal supremo, no están pensando en mejorar la toma de decisiones jurídicas en beneficio del pueblo. Lo hacen para beneficio de los partidos políticos. Porque, si su nombramiento es vitalicio y con extraordinarios beneficios marginales, toman en tantas ocasiones decisiones políticamente motivadas. Lo hacen, más que por agradecimiento, por fanatismo y por los prejuicios que cargan y eso es opresión contra la población. Marginación por las decisiones que toman y a quién benefician y opresión porque sin pensar en las limitaciones económicas de la población, gastan onerosamente en aumentar el número de jueces del supremo en beneficio del partido político en el poder. Continuamos con los partidos políticos en control de la vida de los ciudadanos.

Cuando hablamos de extraordinarios beneficios marginales, hacemos referencia al derecho que tienen los jueces al cien por ciento de su sueldo, al retirarse. Verifique cual es el sueldo de los jueces del supremo, ciento veinticinco mil dólares anuales. No es ese detalle, lo más insólito de los beneficios de los jueces, es que la viuda o viudo del juez del supremo que fallece, continúa con el total de su pensión hasta su muerte. Se pensó en los miles y miles de sacrificados empleados públicos que trabajaron por treinta años con un sueldo inadecuado, que reciben una pensión limitada a sus necesidades básicas y cuyas parejas tienen un exiguo beneficio económico a la hora de su muerte. Eso es opresión de parte de las clases privilegiadas y quienes le conceden esos privilegios somos nosotros, el pueblo.

Mientras los políticos mantengan el poder de gobernar, continuara las limitaciones, el avasallamiento y la marginación contra el pueblo. La decisión es nuestra que no revalide ni un solo incumbente en todos los ámbitos del gobierno. Da la impresión de un ideal utópico, pero la realidad es que ya debemos empezar a pensar diferentes. A enfrentar los restos de esta sociedad cambiante, en un mejor mañana para las futuras generaciones. Tenemos que empezar a combatir las injusticias a las que nos someten los partidos políticos por medio de sus gobernantes. No podemos continuar con esa forma obsoleta de gobernar, hay que presentar una nueva y más efectiva forma de gobernar. El poder que emana del pueblo, hasta ahora no ha sido una realidad. El poder y el control tienen que partir del pueblo y no como hasta ahora, de los partidos políticos.

La persona que piense que los legisladores con sus sueldos, dietas exentas de contribuciones. Los jueces del supremo con sus beneficios marginales que incluye una pensión de retiro, que reta la integridad de la institución, como rama del gobierno al servicio del pueblo; ofrecen mejor servicio al pueblo que una enfermera o un maestro de escuelas, quien así piensa, antepuso el fanatismo a la razón. Esos son los verdaderos sacrificados, los verdaderos servidores públicos. Son mejores servidores públicos, los maestros y enfermeras que los jueces del supremo, estos últimos han probado su incondicionalidad a los partidos políticos en decisiones históricas, los maestros por el contrario ayudan a formar, mediante la educación el futuro de Puerto Rico. Cada profesional dentro del gobierno, sobresaliente o mediocre recibió de sacrificados maestros el pan de la enseñanza. Las enfermeras, con miles de sacrificios cuidan por la salud de nuestro pueblo.

Hablar de maestros, es pensar en un sistema público de enseñanza vapuleado y manipulado por los partidos políticos y el poder económico. Todo el pueblo conoce de las atrocidades cometidas contra esa honrosa institución. Mencionar lo ocurrido es historia que no puede ser cambiada, solo recordada para velar que no sean cometidas las mismas atrocidades. Mencionar nombres de personas corruptas que tanto daño le han hecho a la educación pública en nada ayuda a mejorar la situación, pues el posible noventa y ocho por ciento de los corruptos en educación no son procesados y tal vez más de un noventa y cinco por ciento ni siquiera son mencionados como posibles delincuentes. Conoce el pueblo de la enorme cantidad de contratistas que no rinden servicios u ofrecen servicios deficientes en educación con la avenencia de los políticos. La inversión monetaria en el departamento de educación, es increíblemente enorme, los resultados o logros académicos increíblemente pocos.

La educación pública es vital para el desarrollo integral de nuestro pueblo. Es nuestra principal opción. Un pueblo con su gente bien educada, no es solo la mejor inversión, es su mayor recurso. Cuando los que gobiernan nuestro país no ponen énfasis en una educación de calidad, limitan el desarrollo y bienestar del pueblo. Perpetúan la marginación y el prejuicio, crean una población con sentimientos de inferioridad, para beneficio de la clase opresora. Con un pueblo bien educado, las posibilidades del crecimiento económico, social y cultural están garantizados. La educación pública no es un privilegio, es la mejor inversión que pueda jamás hacer el gobierno. Un pueblo bien educado viabiliza una economía saludable, una sociedad estable y balanceada en sana convivencia.

La educación universitaria publica, expuesta a tantos vaivenes políticos, merece el respaldo del pueblo y el desprecio a aquellos que tanto daño le hace. El único privilegio de aquellos jóvenes que estudian en la universidad del estado, es el de su esfuerzo y dedicación a un aprendizaje de calidad y un buen promedio académico, compensado con la aceptación a esa institución de tanto prestigio académico y de mucho menos costos económicos. Una educación de excelencia al alcance de toda la población. La universidad de Puerto Rico es una de las instituciones de más prestigio en el país. Porque entonces el interés de los políticos que dirigen el país en cerrar, erradicar, eliminar, clausurar la universidad del estado. Cuál es el empeño de prescindir de lo que es una responsabilidad del gobierno, la de una enseñanza universitaria de calidad al menor costo posible. Porque, el empeño en complacer a algunos empresarios millonarios y exlegisladores en contra de los intereses del pueblo. Continuamos rindiendo pleitesía a quienes anteponen los beneficios del pueblo por los suyos propios, los políticos. Sus prioridades son, una posición de privilegio como políticos, los intereses de su partido político y el poder económico que los subvenciona.

La educación universitaria debe ser gratis para toda la población hasta completar el bachillerato, Quienes quieran completar una maestría o doctorado que paguen o busquen ayuda económica si la hay disponible, pero no una obligación del estado Esto es posible si hubiese voluntad, un gobierno bien dirigido, por el pueblo y para el pueblo y con la disponibilidad de los cientos de millones de dólares del pueblo que son malversados. Dinero hay, pero la realidad es que es mal utilizado o robado. La educación es imprescindible en el desarrollo social, cultural y económico de cualquier nación. Porque entonces, el empeño de los políticos en limitar la educación pública gratuita a la población, en degradar la calidad de la enseñanza. Como mencionamos antes, la educación, es la mejor inversión de nación alguna. Una población con una buena educación, es la cimiente o zapata de un sólido desarrollo social, cultural y económico de cualquier país. La educación es el centro de donde emana, todo el potencial de desarrollo y bienestar de la población. Un pueblo bien educado, es imposible de engañar y manipular y ese es una de las artes de la política. Un pueblo con una educación optima, no puede ser enajenado de la realidad a la que lo someten los políticos. El pueblo tiene que unirse y hacer fuerza para lograr una educación de excelencia. No les sigamos haciendo el juego a los políticos. Conozcamos lo que es nuestra realidad, a lo que nos tienen sometido los partidos políticos. Cuanto menos educado este el pueblo, más cómodo sostener, la incapacidad funcional de los políticos.

Hasta cuándo vamos a seguir permitiendo que los partidos políticos y sus secuaces sigan destrozando nuestro país, física, moral, espiritual y económicamente. Físicamente, la salud del pueblo se deteriora, las drogas que envenenan a nuestra juventud en edad productiva y la criminalidad rampante, que tanta inseguridad produce. La moral en decadencia, no hay valores, ni principios y son escasos los ejemplos a seguir. La espiritualidad escasea, cuando los políticos secuestran congregaciones enteras. Cuando líderes religiosos, dejan de serlo para convertirse en activistas políticos, lucrándose de los dineros del pueblo. No hay una verdadera separación de iglesia y estado. Los políticos inescrupulosos y los líderes religiosos inconfesos, están tratando de convertir a sus feligreses en tontos útiles al servicio de ellos. Económicamente el país está en crisis, no así los políticos, ni un solo político afectado por la crisis económica. Eso sí que es un verdadero privilegio, ni un solo político afectado por la crisis que nos ahoga, gracias a ti, pueblo. El pueblo viviendo con dificultad y los políticos y sus secuaces en la opulencia. Bendito, no seamos tan tontos, despertemos de este letargo. Alcemos armas contra la opresión a la que nos someten los políticos. Sin violencia, pero con presteza, firmes en la defensa de nuestro país y el bienestar de las futuras generaciones.

Sigan dándole pensamiento, a si hay la posibilidad de que se pueda gobernar el país sin los partidos políticos. Si el país está prácticamente en quiebra, gobernado por los partidos políticos y los políticos enriqueciéndose, ¡haciendo que! Démosle la misma oportunidad que ellos le dieron a miles de trabajadores, a quienes dejaron sin empleo. Nosotros, el pueblo, dueños de la empresa llamada gobierno, le daremos carta de despido, no a los miles y miles de empleados públicos, verdaderos trabajadores de pueblo. No a esos sacrificados, de bajos salarios y malas condiciones de trabajo, de deficientes y miserables beneficios de retiro. De un sistema de retiro en quiebra por mala administración y desfalco de los políticos. A esos no, se la daremos a los políticos en las próximas elecciones. Que compitan con el resto de la población por los empleos disponibles y ver si alguno de ellos está mejor cualificado. Que aprendan, haciendo filas en las oficinas de desempleo, en las de cupones de alimentos, solicitando el plan de salud del gobierno y que sus hijos también asistan a las escuelas públicas del país, con todas las deficiencias de planta física, falta de maestros, personal de apoyo y de mantenimiento. Que vivan en carne propia, todas las penurias por las que pasa el pueblo. Que compren automóviles, no los de lujo, sino aquel que puedan pagar, con el sueldo que tengan a bien recibir, por el poco trabajo real que realizan Que paguen por la gasolina, el mantenimiento y el chofer.

La política, se ha convertido en una de las profesiones o mejor dicho trabajos más lucrativos. Sin muchas exigencias académicas, sin requerimientos de fuerza física, ni mucho esfuerzo mental. Quizás un poco de buena oratoria, arte para el engaño y la manipulación. Con mucho tiempo para la diversión y los viajes de placer con cargos a los dineros del pueblo. Cobran dieta y que dieta hasta por un día de playa, con la excusa de que están verificando, que tan salobre está el agua de dicha playa. Faltar a la verdad, es común entre los políticos y de eso, se acusan ellos mismos a diario. La mayoría viven toda una vida haciendo trabajo furtivo y mientras no se descubre el delito, no hay delincuente, lo seguimos llamando honorable. Bendito, pueblo mío, por cuantas más penurias quieres pasar, deja el fanatismo político y entra en contacto con la realidad. En cada uno de nosotros, ciudadanos de este empobrecido país, empobrecido en todo el sentido de la palabra, está la responsabilidad de recuperarlo del caos en que lo han sumido los dichosos políticos. Dichosos de vivir en la riqueza a costa de la dejadez del pueblo. Como decía el jibarito Rafael, "que será de mis hijos y de mi hogar, que será de mi islita, mi Dios querido".

Todo lo que hoy sucede, es nuestra responsabilidad, la destrucción total de nuestra sociedad o la recuperación de nuestra dignidad como pueblo, será nuestro legado a las futuras generaciones. En nuestras manos está la decisión final, actuemos sin dilación. Erradiquemos los partidos políticos. Construyamos una nueva nación, con nuevos conceptos para dirigirla a puerto seguro. Un gobierno donde todo el pueblo comparta responsabilidad, por los triunfos y fracasos en la gestión pública. Un país de todos y para todos, sin prejuicios, sin opresión, ni privilegios, solo igualdad de oportunidades para todos sus ciudadanos. Un país libre

CAPÍTOLO 7

SOLEMOS SABER LO QUE DEBEMOS HACER, PERO NO HACEMOS LO QUE SABEMOS. SOMOS SERES HUMANOS CUANDO REALMENTE DEBERÍAMOS SER HACEDORES HUMANOS

Es duro ver un país, donde se le da más importancia, a los derechos de los delincuentes, que a la seguridad de la población. Un país, donde los llamados defensores de lo que llamamos democracia, hacen esfuerzos por defender los derechos de los que violan la ley. Veamos como ejemplo, los reos en este país, la mayoría delincuentes comunes. Con cuantos privilegios y exigencias viven en las cárceles. Cuánto dinero invierte el gobierno en las comodidades que estos exigen. Cuanto tiempo y dinero gastamos en defender los derechos, de los que violan impunemente, los derechos del ciudadano decente de este. Cuál es la inversión, en un sistema que rehabilita a un tanto por ciento tan bajo de delincuentes. Que devolvemos a la libre comunidad, después de años de alimentar y proveer de mejores comodidades, que las que disfruta gran parte de la población honrada y productiva. Regresan a seguir haciendo lo que saben, delinquir. A perturbar la tranquilidad de la gente honrada y productiva. ¿Funcionara en verdad el sistema correccional del país? O solo funciona para los políticos y allegados quienes se lucran, de una inversión exagerada en un sistema deficiente. Es contraproducente el esfuerzo del gobierno, por defender y crear leyes para defender los derechos civiles, de quienes violan los derechos de la población.

No hay cinismo mayor que oír a funcionarios gubernamentales, decir con firmeza, que somos un país de ley y orden, cuando a diarios los vemos faltando a la ley. No solo son funcionarios que violan la ley impunemente, también permiten y promueven que otros la violen. Hablar ante la prensa para informar, que la mejor forma de combatir el robo del agua es dándole un subsidio a quienes por tantos años se han robado el agua. El establecer una tarifa fija, bien por debajo del consumo real para beneficio de muchos que no cumplen con la ley. Esto produce un consumo inadecuado del agua, que lo pagan los consumidores responsables. Compensamos a quienes violan la ley y castigamos a quienes cumplen con ella. El gobierno fomentando la delincuencia, en un país de ley y orden.

Veamos el ejemplo de la Autoridad de Energía eléctrica, un verdadero monopolio. Viola impunemente todas las leyes de monopolio en nuestro país. Su sistema de facturación por el consumo eléctrico, no lo entiende nadie. Si la población ante la situación económica existente, trata de economizar en el consumo eléctrico, la autoridad de energía, hace uso de su famoso ajuste por combustible y al final consumimos menos, con mucho sacrificio, pero terminamos pagando más. La Autoridad de Energía Eléctrica requiere de unos recaudos mínimos mensuales, por sus compromisos con los bonistas y los cientos de acomodos políticos. Los subsidios a los municipios, que permite el malgasto en el uso de energía en cientos de complejos deportivos, que se mantienen encendidos hasta altas horas de la noche sin ningún uso. Los cientos de clientes morosos, con privilegios del gobierno, clientes con cientos de miles de dólares en deudas y en ocasiones adeudan millones de dólares, La mala planificación en la distribución de la energía eléctrica a través de las líneas, lo que causa una pérdida significativa, que la paga quien no la consume, el pueblo. La AEE es una de las agencias de gobierno donde más políticos derrotados y alcahuetes son acomodados, esos salarios lo pagan los abonados del servicio eléctrico. Cuando el pueblo se sacrifica y ahorra en el consumo de energía eléctrica, quien único se beneficia es la agencia. Ninguna agencia del gobierno coopera o participa de los sacrificios que se les exige a la población para mejorar la economía del país.

Dos grandes compañías de capital privado que producen energía eléctrica fueron construidas en Guayanilla y Guayama, con una enorme inversión de los dineros del pueblo de Puerto Rico y otros beneficios contributivos logrados por cabilderos en la legislatura. La intención, abaratar costos y un pago más bajo para los consumidores, otro engaño de quienes gobiernan. La realidad, cero economías para el consumidor, más ganancias para los inversionistas, una buena tajada en dinero para los políticos y cabilderos que ayudaron a conseguir tan buen contrato. Contrato, beneficioso para los políticos e inversionistas. Para el pueblo, cero economías en el pago de la factura, más contaminación del aire, el agua y el suelo. Más posibilidades de enfermarse y afectar su calidad de vida. Eso es contrario a uno de los requisitos básicos de parte de quienes nos gobiernan, el logro de una mejor calidad de vida para la población.

Históricamente, con cada proyecto para la mejora de la infraestructura en la AEE, mejorar la calidad del servicio y bajar los costos de producción para beneficio de la ciudadanía, se endeuda más al país. Inversiones millonarias, emisiones de bonos que comprometen los recaudos y el beneficio del pueblo sigue siendo ninguno. No hay mejoras al servicio, aumenta la contaminación del ambiente. Se comprometen los recaudos para pagar los servicios al pueblo, al ser el compromiso con los bonistas, por ley la primera opción de pago. Quienes se benefician son los políticos y los grandes intereses económicos, ya sean inversionistas o constructores. Para todo proyecto del gobierno, pagado con fondos públicos, los costos se duplican. Parte del dinero llega a los políticos, como comisión y como en todo acto de corrupción se utilizan muchos intermediarios para evitar ser detectados, lo que aumenta los costos. Todos los corruptos se benefician y los inversionistas y contratistas obtienen ganancias extraordinarias.

Que mejor ejemplo que el proyecto de vía verde que con uñas y dientes defiende el gobierno. Vía verde un proyecto contra el cual el actual gobierno opuso enorme resistencia, lo entendió como algo monstruoso contra los mejores intereses del pueblo. La única razón por la que se oponían, no era porque iba en contra de los mejores intereses del pueblo ¡no! era porque no eran ellos los que iban a repartirse, como ahora están tratando, las millonarias comisiones. Los actuales dirigentes del gobierno, tanto como los anteriores, saben que el proyecto de vía verde no es beneficioso para el pueblo, sino para unos pocos privilegiados corruptos en el gobierno.

Veamos otra realidad del llamado proyecto VÍA VERDE de la cual nadie habla, realidad que demuestra que no hay buenas intenciones por parte del gobierno en este proyecto. La pasada administración de gobierno trató de construir un viaducto para llevar gas desde la Central Costa Sur en Guayanilla hasta la termoeléctrica en Aguirre. Se invirtieron millones de dólares en el inicio del proyecto, que nunca se completó, no beneficio al pueblo, pero si se malgastaron millones de los dineros del pueblo. El beneficio real fue para los proponentes del proyecto, que cobraron su comisión y los contratistas del proyecto, que cobraron a sobre precio parte del proyecto que no completaron.

La otra realidad es la excusa de que el costoso equipo para gasificar, lo que en realidad viene licuado solo existe en la planta generadora de electricidad de capital privado en Guayanilla, da paso a la creación del viaducto del sur. El costo altísimo de ese proyecto, las molestias a la población en términos de expropiación y los riesgos de escapes y explosiones, no compensan por los supuestos posibles ahorros en los costos de energía. Era realmente costo efectivo el proyecto del viaducto del sur, veamos. No era solo el alto costo del proyecto, sino también el alto costo de llenar los kilómetros de tubería desde Costa sur hasta Aguirre. Más los costos de bombeo. Cuando pudieron tratar de negociar para las facilidades de almacenamiento con la compañía Chevron Phillips en las Mareas de Guayama, relativamente cerca de la termoeléctrica en Aguirre, con facilidades de puerto de hondo calado. Con las economías en la construcción de una vía mucho más corta y con menos molestias a la comunidad y menos riesgos de escape y explosión podían construir las facilidades para gasificar en un área cerca de la termoeléctrica en Aguirre. Qué presión se requerirá para mover ese producto a través de esa tubería, eso aumentaría las posibilidades de escape o explosión. Es para los proponentes del proyecto dentro del gobierno, más importante las comisiones millonarias que la seguridad del pueblo.

El cambio de postura a favor del proyecto de la actual administración del gobierno quienes en el cuatrienio pasado, cuando no estaban en control de los contratos, lo rechazaban con ferocidad, es prueba fehaciente de que el interés monetario, importa más que la seguridad del pueblo. Además de ser una propuesta mucho más costosa y de que la planta gasificadora existente en Guayanilla no tiene la capacidad para suplir el gas requerido en la propuesta de vía verde, pone en peligro más comunidades y causa más daños a nuestro suelo, que el llamado viaducto del sur.

Si la realidad del proyecto es ir disminuyendo la dependencia del petróleo, porque la insistencia de esa propuesta conociendo de otras posibles alternativas, como son el sol, el agua y el viento. Pensemos en las miles de familia e industrias que podrían beneficiarse si el gobierno utilizara el dinero del proyecto vía verde y los millones en anuncios engañosos para incentivar verdaderos proyectos verdes. Pongamos como ejemplo los paneles solares, por eso de ser una propuesta bien conocida y que se ha usado en pequeña escala en nuestro país. A cuantas miles de familia podría el gobierno incentivar con ese dinero, cuantas industrias se podrían beneficiar y bajar los costos de producción. Cuantas toneladas menos de contaminantes tiraría a la atmosfera las delincuentes productoras de energía eléctrica de la monopolística compañía llamada Autoridad de Energía Eléctrica.

En la anterior propuesta del viaducto del sur y en la actual propuesta de vía verde teníamos políticos entre los proponentes del proyecto. Si la respuesta es en lo afirmativo, entonces vemos a políticos pertenecientes a los conocidos partidos del quítate tú para ponerme yo, los de un ratito tú y un ratito yo, los de guisa tu hoy que mañana me toca guisar a mí, lucrándose con el dinero del pueblo. El proyecto anterior no se logró y políticos y contratistas se enriquecieron. El actual proyecto no ha comenzado aún y ya algunos proponentes se han lucrado, lo que es indicativo de que la estafa al pueblo va a ser mayor.

Que sepan los actuales líderes del gobierno, los políticos de oficio, que como ocurrió la vez anterior, el pueblo no va a permitir la construcción del llamado tubo de la muerte, el gasoducto. Cuando el pueblo fuera de vendettas políticas, sin apasionamiento, ni fanatismo se une con un fin común, no hay proyecto de gobierno en contra del pueblo, que se logre. El rechazo de ese proyecto y el de que definitivamente no se construya, es un ejemplo vivo de lo que puede lograr el pueblo, cuando se une para lograr el beneficio de todos y no de unos pocos en el gobierno.

El gobierno cuenta con más de cien agencias, que deberían de alguna manera ofrecer algún tipo de servicio a la ciudadanía. Al día de hoy, cientos de miles de nuestros ciudadanos desconocen la existencia de muchas de ellas y qué función realizan. ¿Si desconocemos de servicios a los que tenemos derecho, como nos vamos a beneficiar de los mismos? Si el gobierno puede gastar millones de dólares para resaltar la figura de cualquier político, gastos pagos con el dinero del pueblo, no gasta , para orientar al pueblo, sobre los servicios a los que tienen derecho.

Como es posible lograr una economía saludable, cuando en un país de cuatro millones de habitantes, el gobierno tiene una flota de alrededor de catorce mil vehículos, cuyo costo, uso y mantenimiento lo paga el pueblo. Cuántos de esos vehículos ofrecen servicios al pueblo, para quien es el beneficio. Ante la crisis económica, los ingresos disminuyen y los costos aumentando. Se le pide sacrificios al pueblo, ampliando sus limitaciones. Para quienes administran el gobierno, no hay sacrificios, crisis, ni limitaciones. Pagamos por el costo, uso y mantenimiento de una flota de vehículos, de los cuales la mitad o más no le dan ningún servicio al pueblo que lo paga. Ese es otro de los abusos que les permitimos a los políticos que nos gobiernan. Cuantos sacrificios nos cuesta el aumento en la gasolina, cuantos vehículos del gobierno son usados inescrupulosamente, cuanto gasto injustificado de gasolina de quienes no pagan por ella.

El gobierno es una empresa dirigida por políticos, cuya función principal es la de proveer unos servicios a la ciudadanía. Dirigida por políticos, porque aun los que no son elegidos por el voto directo del pueblo, son activistas de los partidos políticos y su lealtad es al partido político que lo nombro. El pueblo siempre ha conocido para quien trabajan los políticos, pero los siguen respaldando. Los sueldos de los políticos en el gobierno y los fantásticos beneficios marginales, los pagan menos de la mitad de la población. Esa parte de la población que es la que trabaja y paga contribuciones, paga caro, por los deficientes servicios que presta el gobierno. Más de la mitad de las personas aptas para trabajar viven de las ayudas del gobierno, no producen para la economía del país. Otro tanto, trabaja gana buen dinero, pero aporta muy poco o nada al erario público, los llaman evasores contributivos. En el gobierno, los políticos, hacen malabares para sustraer gran parte del dinero destinado a darle servicios al pueblo, para su beneficio personal o el de su partido político. Estos son actos de corrupción, otros lo llaman, malversación de fondos públicos. De cualquier forma que lo llamemos, afectan de la misma manera los servicios al pueblo.

De cada cien actos de corrupción, se detecta uno, de ese uno de cada cien que se detecta, la mitad salen airosos en las cortes, porque también a la judicatura llegan los tentáculos de la corrupción de los políticos. En una visión amplia, podemos ver los cientos de millones de dólares destinados a dar servicios a la ciudadanía que son desviados por políticos para beneficio propio o de su partido político. A diario vemos como el gobierno obliga al ciudadano trabajador a seguir pagando todo tipo de nueva contribución, recargos, cargos a cada nuevo bien que adquiere el ciudadano y por cada nuevo requisito al que nos obligan como parte de algún servicio ofrecido. Al final del día, pagamos más por un servicio cada día más deficiente. Los servicios de salud, más caras las cubiertas y más limitados los servicios. La educación, que debe ser prioritaria como inversión del gobierno, es cada día más deficiente. De la seguridad ni hablemos, no existe ningún sitio seguro en este dichoso país. Mientras el bienestar, la tranquilidad, la estabilidad económica, la salud, la seguridad y la educación del ciudadano común, va cayendo en picada, los políticos, bien gracias.

Los problemas que crean los políticos no son a nivel local, lo vemos a nivel mundial. Las consecuencia de los malos gobiernos dirigidos por políticos, nos afecta a todos los ciudadanos comunes es todas las naciones del mundo. No podemos seguir tolerando los abusos a los que nos someten los políticos. Los pueblos del mundo, somos los verdaderos responsables de la falta de líderes comprometidos a hacer de este un mejor planeta, en el cual podamos coexistir. Donde podamos hacer amigos de nuestros enemigos. Donde logremos que triunfe la razón sobre el fanatismo al que nos tienen sometidos los políticos y todo para su entero beneficio. Mientras sigamos aceptando como normal todas las atrocidades que cometen los políticos que gobiernan el mundo, no tendremos desarrollo, progreso, bienestar, ni seguridad.

Todo comportamiento humano es aprendido, hay situaciones y acontecimientos en la vida del ser humano que quedan grabados en el subconsciente. Lo que nos afecta, sea de forma positiva o negativa, comienza apenas nacemos, desde ese momento, comenzamos a ser víctimas. Nos afectamos en mayor o menor grado dependiendo de muchos factores externos. Ese medio ambiente del que somos parte determina el adulto que seremos, con nuestras fallas y virtudes. En un país donde el fanatismo, al que nos han llevado, los partido políticos, nos está enajenando de la realidad. Donde la gente vale por lo que tiene, no importa como lo consiga, el fin justifica los medios. Una sociedad con una pérdida significativa de valores y principios éticos, donde la moral paso a un segundo plano, no ayuda al pleno desarrollo y bienestar de su gente. Todos nos convertimos en víctimas, en un sistema político, social y económico, que no funciona y solo beneficia a los políticos y sus afiliados económicos. Aliados económicos o inversionistas políticos, que hacen negocios y se lucran, del sufrimiento y limitaciones del pueblo.

Aprendemos a sobrevivir, nos agarramos de todo aquello que nos ayude a subsistir y a funcionar como individuos, por las limitaciones a las que nos somete el sistema y nos olvidamos del bienestar de la comunidad de la que qué somos parte. Es como los deportes de conjunto, los jugadores aportan para el triunfo del equipo. De la misma manera los individuos aportan para el bienestar de la comunidad. Si no nos unimos como pueblo para la erradicación de los males que nos afectan y nos destrozan como país, llegaremos al exterminio. Salgamos ya de los partidos políticos. Aprendamos a convivir y compartir en paz y armonía en esta sociedad, carente de valores y principios y no a competir como enemigos, hermanos contra hermanos. Aprendamos a vivir sin envidia, a ser dueño de lo que nos merecemos, lo justo, por nuestro esfuerzo y dedicación. Alegrarnos por los triunfos de quienes nos rodean, nos debe hacer sentir bien.

CAPÍTULO 8

LAS PROMESAS Y LOS COMPROMISOS DE LOS POLÍTICOS SON COMO LOS AMORES DE ESTUDIANTES; FLORES DE UN DÍA.

Históricamente, los políticos, cada cuatro años, nos hacen creer que son la salvación, la solución a los problemas, que aquejan a la población. Irónicamente, son los políticos los que crean la problemática en la que está sumida la población. La historia, tiene la virtud de que no puede ser cambiada, pero si puede ser estudiada, analizada y evaluada, para evitar cometer los errores del pasado. El error fundamental esta, en la forma, en que los políticos nos han hecho creer, que el poder del pueblo está en ejercer el derecho al voto. El voto tiene poder, cuando no se manipula, mediante treta y engaño, en su ejercicio. El voto, como libre expresión dentro de la democracia, ha sido manipulado y controlado por los partidos políticos. Todos los derechos, dentro de lo que es una democracia, están en control del partido político que nos gobierna. No sigamos siendo estadísticas de gobiernos que nos agobian, cambiemos esa amarga realidad, no formemos un nuevo partido político, eliminemos los existentes.

Otra de las fallas fundamentales de los que gobiernan, está en el establecimiento de prioridades. Generalmente, las prioridades están en el bienestar o en favor de los grandes intereses económicos, quienes solventan económicamente a los partidos políticos, esas son su prioridad. El bienestar del pueblo no está entre las prioridades de los políticos. Cuando un partido ha tratado de implementar proyectos de beneficios al pueblo, sin importarle el costo político, el pueblo, acostumbrado al engaño y al fanatismo político, los derrota. Al partido de turno que sube al poder, le importa más el costo político de mantener dichos proyectos, los elimina a pesar de la inversión económica ya realizada y del beneficio al pueblo. Cuantos proyectos costo/efectivo y de beneficio al pueblo realizan nuestros políticos. Cuando hablamos de costo/efectivo nos referimos, a si el beneficio al pueblo justifica la inversión. Lamentablemente, la realidad es que ningún proyecto realizado, en gobierno alguno ha sido costo/efectivo.

El beneficio inicial es para los inversionistas políticos o el llamado poder económico que paga las campañas a los partidos políticos. Con el sobreprecio de los proyectos, se cobra la inversión política y una ganancia sustancial para los inversionistas. No realizan los proyectos los contratistas de menor cotización, mejores garantías y calidad, sino los que sustentan al poder político. Aumenta significativamente el dinero en banco de los poderosos económicamente, disminuyen los dineros del pueblo, aumentando significativamente los pobres en el país. UN país en bancarrota, nuestra realidad actual y un aumenta en la brecha entre ricos y pobres. Los mismos ricos con más dinero, un aumento en la cantidad de pobres y una clase media trabajadora y productiva, disminuida. Un país en crisis económica y sin un solo político en la lista de los empobrecidos. Mientras de mayor envergadura sean los proyectos, más impresionado queda el pueblo, mayor la ganancia entre políticos e inversionistas y menor el beneficio para el pueblo. No es contra la ley ser inversionista y obviamente obtener ganancia, lo que es inmoral y antiético es la forma en que se hacen las inversiones.

Con el menor beneficio para el pueblo, cuando es, con el dinero del pueblo que se pagan.

Por definición, inversionista es aquel que invierte de sus recursos, en cualquier proyecto con la intensión de obtener un beneficio. Cuando se invierte en el gobierno, se obtienen generalmente beneficios económicos sustanciosos. Si se invierte en un proyecto privado, los dueños del proyecto, los que pagan, son bien meticulosos en como gastan su dinero. Por el contrario, en el gobierno, donde se reclutan expertos en administración pública, razón por la cual se pagan actualmente, sueldos elevados y costosos beneficios marginales, dicen que para poder reclutar el mejor talento disponible, no es prioridad el gasto público. Expertos administradores públicos, sacrificados servidores públicos, que sacrifican sueldos mayores en la empresa privada, para servirle al país. Que cínicos ante un país tan ingenuo. Estos expertos no cuidan de que se invierta de la mejor forma posible, los dineros del pueblo, que no son suyos.

Todo comienza con un protocolo, algunos más expertos lo llaman cortina de humo, llaman a subasta, analizan, condicionan y luego adjudican. Condicionar es, determinar la forma en que se repartirán las ganancias de cada proyecto a realizarse. Siempre en cada proyecto de envergadura, hay un representante de un partido político, para que los proyectos sean adjudicados a un inversionista político determinado, el poder económico que obtiene grandes ganancias y en ocasiones sin la más mínima inversión. Ejemplo, el seguro de responsabilidad pública que pagamos anualmente al renovar la licencia de nuestros automóviles. Un seguro que ofrece las mínimas garantías de servicios y compensación al conductor afectado. Seguro que no cumple con las exigencias para lo que fue creado. Importa más las ganancias millonarias de la aseguradora que el buen servicio al pueblo. El seguro de responsabilidad pública no cumple con los requerimientos para lo que fue creado, una alternativa que ayudara a los de menos recursos económicos. Se hizo compulsorio para garantizar las grandes ganancias, al controlar los requisitos para pagar a los afectados, ganancia limpia. Hablamos de personas que están obteniendo beneficios millonarios, sin ninguna inversión, ni significativa, ni riesgosa. Ganancia limpia para legisladores, cabilderos y nuevos millonarios con el robo del dinero del pueblo.

Los administradores del gobierno, a diferencia de la empresa privada tienen más intermediarios entre quienes repartir el dinero del pueblo, razón por la cual los proyectos del gobierno, son quizás el doble de costoso. No porque sean de mejor calidad, la verdad, es porque son más las personas entre quienes repartir. Mientras mayor sea el proyecto, mayor el mal uso de los fondos públicos, o lo que llamamos malversación de fondos públicos, que es sinónimo de robar, en términos reales eso es corrupción. Es irónico ver como el pueblo evalúa la labor de un mandatario de gobierno por los grandes proyectos realizados, cuando son estos grandes proyectos los que posiblemente producen la mayor malversación de fondos públicos. Los publicistas políticos del gobierno los utilizan como material publicitario, cada cuatro años y lo que en realidad, fue un robo de gran envergadura, se convierte en una monumental obra de gobierno. Por eso es que están tan bien pagos los publicistas del gobierno, por su habilidad para convencer, dirán algunos, los más versados lo llamaran engañar al pueblo.

Cuando la corrupción ocurre sin ser detectada, se convierte en un trabajo excelente, digno de ser compensado con cuatro años más como administrador. Los más hábiles pasan toda una vida sirviéndose del gobierno. Cuando lo que mal se hace, no se detecta, no hay delito. Se detectan muy pocos de los muchos que se cometen en el gobierno, luego de detectarlo, poder probarlo. Si hay intereses creados, difícil es lograr la convicción. Hemos llegado al extremo de ver la corrupción como algo común en el gobierno, convirtiendo a quienes deben velar por el buen funcionamiento del gobierno en cómplices del delito. A la larga pesa más, el amiguismo, la conveniencia y el fanatismo político, que la aplicación de la justicia. Todo esto ocurre en el sistema democrático en que nos toca vivir. Cuál es la verdadera realidad de ese sistema de gobierno. A quien verdaderamente beneficia, al pueblo marginado y necesitado o a los partidos políticos y el poder detrás del trono, los grandes intereses económicos.

CAPÍTULO 9

HAY TRES GRUPOS DE PERSONAS, LOS QUE HACEN QUE LAS COSAS PASEN, LOS QUE MIRAN LAS COSAS PASAR Y LOS QUE SE PREGUNTAN; QUÉ PASO

Vemos como en todas las facetas de nuestro diario vivir, intervienen los políticos. De cómo afectan nuestra vida cotidiana con sus decisiones. Conocemos por medio de la prensa escrita, la radial o televisiva, quizás una de cada diez acciones que nos afectan. Acciones o decisiones que toman nuestros políticos, las que nos informan son las menos trascendentales, las que menos nos afectan. No porque la prensa las oculta, es porque esas son las que conocen, o será que parte de la prensa está contaminada por afiliación política. Esta contaminación los hace selectivos en la divulgación de la noticia, de qué forma determinada noticia puede afectar al partido político de su preferencia. El oír a los llamados analistas de la noticia, como inclinan su análisis a su preferencia política. Fallan en su función principal de mantener bien informados a la población, crean confusión, desinformación y un flaco servicio a la libertad de prensa. A que o a quienes le temen, o se ha convertido la prensa en cómplice de quienes oprimen al pueblo. La prensa tiene mucha responsabilidad por la forma en que los partidos políticos, engañan, manipulan y marginan a la población limitando su pleno desarrollo y bienestar. La prensa, nuestro cuarto poder, cede en muchas ocasiones ante los grandes intereses. Su frecuente selectividad al señalar, corrupción, malversación, fraude o los llamados crímenes de cuello blanco, solo les da confianza y herramientas a los verdaderos delincuentes en el gobierno. La función de la prensa, más que informar, es investigar hasta las últimas consecuencias, es ser imparcial, fiscalizadora y sobre todo defender los intereses del pueblo. Realmente existe prensa libre, libre de la influencia política y los grandes intereses económicos o son cómplices de la maldad que nos aqueja.

En cada una de los cientos de ocasiones en que periodistas han entrevistado a legisladores de mayoría con relación a las promesas de campañas no cumplidas y de lo nada que han hecho para mejorar la crítica situación en la que se encuentra el país. De las muchas entrevistas y conferencias de prensa del gobernador y funcionarios de gobierno, donde la respuesta inicial y la excusa de todos, es la precaria situación económica en que la administración de gobierno anterior dejo al país. Del desastre en que encontraron a nuestro querido Puerto Rico cuando iniciaron su gestión de gobierno. En ninguna de esas ocasiones hubo un periodista con la valentía suficiente, para preguntar dónde se encontraban y haciendo que, cada uno de esos legisladores mientras el país era llevado al desastre actual, Que esfuerzo que mereciera elogio o respeto realizó el actual gobernador para tratar de evitar el catastrófico gobierno que quería administrar. Donde está el esfuerzo y el sacrificio de esos funcionarios de gobierno, sus logros sin la excusa del desastre económico que encontraron. Ninguno de esos periodistas tuvo la valentía de enfrentarlos a la realidad de que ellos fueron parte de la administración de ese gobierno catastrófico, que tuvieron una participación significativa en todas las decisiones que se tomaron. Que tuvieron una gran responsabilidad del caos en el que quedó el país. Como periodistas, los que callan otorgan y los que no le cuestionan la realidad en que nos encontramos por las gestiones de ellos, los políticos, le faltan a la verdad y a su función de mantener bien informado al pueblo.

Durante décadas ambos partidos de mayoría han cogobernado nuestro país, ambos partidos políticos de mayoría tienen igual responsabilidad en lo mal que se ha administrado el país. Para el liderato político de ambos partidos de mayoría es más importante la ambición personal, su bienestar y el poder, que el bienestar del pueblo. Eso queda claramente demostrado, cuando la oposición política trabaja para obstaculizar todo lo que el gobierno de turno hace para beneficio del pueblo, por el costo político. Esa cavernícola forma de pensar de los políticos de oficio de nuestro país, nos ha llevado al desastre económico y social actual.

Los dichosos periodistas, miembros del cuarto poder llamado prensa, cuya función principal, es mantener bien informado al pueblo y la de ser un ente fiscalizador a beneficio del país, se están convirtiendo en relacionistas públicos de los políticos de oficio. Cuando deberían ser los protectores de los mejores intereses de la gente humilde y honrada del país.

La prensa es otro ejemplo de la contaminación política de nuestro país. Los partidos políticos siguen involucrados en todo lo que nos afecta como país. Conocemos de muy buenos periodistas, quienes realizan una labor extraordinaria, imparciales, inquisitivos con el delincuente, buenos fiscalizadores. Conocedores de la noticia, excelentes comunicadores, lamentablemente son los menos. La prensa escrita, la radial y la televisiva más que un ente informativo al servicio de la comunidad, aunque no en una cantidad significativa se ha convertido en un lucrativo negocio al servicio de intereses particulares. Da la impresión, de que algunos han cambiado objetivos y prioridades. Están más bien creando incertidumbre y desasosiego en la población, que esperanzas de un mejor mañana. La prensa debe ser parte activa del proyecto de pueblo, de que no revalide ni un solo incumbente. De la erradicación de los partidos políticos y de la marginación en la que vive la mayoría de la población. Debe convertirse en aliada en contra de los prejuicios y la opresión institucionalizada por parte del gobierno. Combatiente en contra de los privilegios de los funcionarios públicos. Denunciar todo tipo de hostigamiento, no importa de donde venga. Una prensa libre de presiones externas, cuya prioridad sea el servicio al pueblo, un pueblo bien informado toma sabias decisiones.

CAPÍTULO 10

QUIEN NO TENGA RABO QUE LE PISEN QUE
NI SE PREOCUPE, PUES EL FUNDAMENTO
DE LA VIDA O LA EXISTENCIA ESTÁ
BASADO EN LA HONESTIDAD

Un análisis de nuestro deficiente sistema de seguridad pública, la criminalidad en todas sus facetas afecta a la población. No existe ninguna comunidad, no importa de qué grupo social, que no sienta los efectos de la delincuencia. Vivimos en un país donde no sabemos, si a quien, reclutamos, entrenamos y contratamos para darnos protección, no es un delincuente. No podemos pensar, en las veces que policías del orden público, son acusados y convictos por algún delito, es lo común y no la excepción. Si la justificación de los sueldos bajos como excusa para delinquir es lo correcto, si es realmente un sacrificio ser oficial policiaco en Puerto Rico. Si miramos la realidad de bajo cuanto riesgo e inseguridad vive la mayor parte de la población en nuestro país, ser un oficial policiaco más que un sacrificio, es un privilegio. No podemos decir que la policía corre más riesgos que el ciudadano común, quien no dispone, ni de entrenamiento en defensa personal, ni de equipo sofisticado para su protección personal. Tampoco conoce el ciudadano común, cuántos de esos uniformados, atentaran contra su seguridad, en lugar de protegerlos. Contamos con miles de buenos oficiales policiacos, que honran el uniforme y el buen nombre de la uniformada, otro número significativo, que cometen delitos, incluyendo los que callan, las faltas de sus compañeros. Callar es ocultar y proteger al delincuente y en la uniformada los hay.

Vemos a un cuerpo policiaco, consientes y parte de la crisis económica que vive el pueblo, expedir miles de boletos de tránsito injustificados. Padres de familia pagar en una infracción de tránsito caprichosa, en ocasiones un sueldo semanal. Injustificada y caprichosa porque en un sinnúmero de ocasiones no se cometió el delito, ni se atentó contra la seguridad en la carretera. Quien conoce de la crisis económica de la mayoría de la población, debe ser no solo más flexible, si no también más humano. Su función principal debe ser proteger y orientar como forma de prevención a la ciudadanía y no criminalizarla. No puedes atacar efectivamente la criminalidad cuando eres parte de ella. La uniformada no ha sido efectiva en la integración de la ciudadanía en la lucha contra la criminalidad. Las muchas injusticias en contra de ciudadanos decentes, mina la confianza en el cuerpo policiaco. No son los delincuentes que son acusados y procesados dentro de la policía, son los que conoce la ciudadania, que nunca son señalados, ni acusados. La responsabilidad de mantener la buena imagen y la integridad del cuerpo policiaco, está en sus miembros. No sigan permitiendo que personas ajenas a la uniformada y uniformados que no llevan con orgullo el uniforme, los tengan en descredito.

La uniformada es otra de las entidades gubernamentales, afectadas por los partidos políticos. La policía está muy politizada y eso afecta su buen funcionamiento. En la uniformada no hay suficiente supervisión, lo cual es otro factor que afecta su buen funcionamiento. Ni un solo ascenso debería ser considerado fuera del mérito y de verdaderos exámenes que permitan medir la capacidad y responsabilidad, lo que lamentablemente no ocurre. Tenemos oficiales de alta jerarquía por recomendaciones de políticos, lo que los subordina a los intereses del político. Cuando esto ocurre, no es la prioridad, la seguridad ciudadana. Somos el país, que más invertimos en pagar escoltas con fondos públicos a políticos y funcionarios de gobierno. Los escogidos para dar escolta a los políticos y otros funcionarios públicos se sienten privilegiados, cuando deberían sentir vergüenza, por todas las tareas no relacionadas que le son asignadas. Todo el pueblo sabe que donde hay políticos envueltos, los dineros no se utilizan de la mejor forma. Las prioridades de los políticos, no son las mismas que las necesidades del pueblo.

Si la función básica de la uniformada es velar por la seguridad ciudadana y que no sean coartados sus derechos, porque entonces, reprimen el derecho a la expresión ciudadana, porque el atropello al pueblo. Donde están los valores y principios de aquellos uniformados que cometen esos atropellos. Usted no está obligado a obedecer aquellas órdenes que atenten contra la seguridad ciudadana que juro proteger, ni contra sus principios, ni valores. Su integridad como funcionario público, ni sus valores y principios, deben claudicarse ante las exigencias de los políticos, ni funcionarios de gobierno nombrados por estos. Depende de los miembros de la uniformada mantener los valores y principios sobre los que se fundó la institución. No necesitamos políticos controlando las funciones de la uniformada, necesitamos funcionarios comprometidos con la seguridad del pueblo.

A aquellos funcionarios de gobierno, quienes en algún momento sientan el deseo genuino de servir bien al país, les digo. No mejoramos la seguridad de nuestro pueblo, ni bajamos los niveles de la criminalidad aumentando la fuerza policiaca, como hasta ahora de forma equivocada ha estado ocurriendo. No es cantidad, es calidad de servicio y compromiso con lo correcto de parte de la uniformada. Es educar para prevenir la violencia y no combatirla con más violencia, por parte de la policía. No es reprimir los derechos del ciudadano, so color de autoridad. No es aumentar la fuerza represiva en la que hemos convertido al cuerpo policiaco, reclutando delincuentes. No es pensar tener un oficial policiaco velando, por cada ciudadano, sin conocer quien velara por cada delincuente dentro de la uniformada.

La criminalidad, no es responsabilidad, ni culpa de la policía. Los responsables de la criminalidad son los partidos políticos, quienes trabajan para los grandes intereses económicos y su grupito de privilegiados. De los políticos de oficio que no han logrado disminuir la desigualdad existente en la población. No han logrado detener el aumento en la pobreza y la marginación, continua en aumento el desempleo, la mala educación, la deficiencia en los sistemas de salud y un sistema de seguridad publica desastrosa. Los modelos a seguir entre los políticos, es penoso, promotores de violencia hacia el adversario político y todos los que difieren de sus ideas. Falto de ideas y acciones que ayuden a mejorar calidad de vida de la ciudadanía. Sin escrupulosos y mentirosos, cuya prioridad es el lucro y el beneficio personal. También es responsable un pueblo enajenado, individualista y conformista que no se esfuerza por mejorar sus condiciones de vida. Un pueblo que piensa que la criminalidad que hoy afecta a otros no los va a tocar mañana. Mientras los políticos sigan siendo los modelos a seguir y en tanto y en cuanto el pueblo no tome el control en la lucha contra la criminalidad, en vano será la lucha contra la misma.

La verdadera responsabilidad de la policía, es contra el criminal o delincuente. Es lograr un buen trabajo investigativo para que cada delincuente reciba el justo castigo por el delito cometido. Ese es el mejor persuasivo para bajar la incidencia criminal. A los encargados de la rehabilitación de delincuente, que pongan más amor en su trabajo, que se esfuercen en mejorar su eficiencia, la calidad de su trabajo es vital en la disminución de la criminalidad.

Mal invirtiendo los recursos económicos del país aumentando la represión policiaca, no ha resuelto los problemas de la criminalidad, ni ha mejorado la seguridad pública. La solución está en mejorar la calidad humana, la moral y el servicio dentro de la uniformada. Que esta deje de ser controlada por políticos de oficio, para que renazca la honestidad y ese sentido de grupo que los enorgullecía. Que su meta sea la de contribuir a mejorar la calidad de vida de la ciudadanía y no la de reprimir sus derechos. Una fuerza policiaca de profesionales comprometidos, con lo justo, lo correcto, lo honesto y sin lealtades a partidos políticos, ni políticos de oficio. Que esos recursos económicos sean redirigidos a mejorar la educación y la prevención a temprana edad para combatir más efectivamente la criminalidad. Hasta hoy la uniformada desconoce su fundamental importancia en los esfuerzos por mejorar la calidad de vida de nuestra ciudadanía, de la cual ellos y sus familias forman parte.

CAPÍTULO 11

LA GENTE HONESTA SE PREOCUPA MÁS POR HACER LO CORRECTO QUE POR PARECER INTELIGENTE. EL LIDERATO NO ES POPULARIDAD SINO HONESTIDAD.

Se puede decir con certeza que los políticos viven del sufrimiento del pueblo. No se conoce de un político que sea participe de las limitaciones en las que vive la mayoría de la población. No continuemos siendo tontos útiles, en beneficio de los políticos. Nos han estado engañando por siglos y seguimos firmes aceptando los abusos y alagando a quien nos discrimina. Hasta cuándo vamos a seguir permitiendo que el fanatismo venza a la razón.

Si vivimos en una civilización tan adelantada, porque hay tanto odio entre la gente, tantas guerras, porque tenemos fronteras entre las naciones del mundo. Porque no se unen todos en la búsqueda del bien común. Sentirse bien es condición humana, si sentimos frio, nos abrigamos, si tenemos sed bebemos agua para aplacarla. Si tenemos hambre, comemos, ante el peligro, nos protegemos. Nadie desea sentirse mal, ni sufrir, ni enfermarse, ni sentir dolor. Todo ser humano desea siempre, sentirse bien, estar alegre, poder disfrutar de las cosas buenas que debe darnos la vida. En la esperanza de un mejor mañana, de un futuro de bienestar. Es pensar bien, hacerlo bien, para sentirnos mejor. Lo lograremos, cuando como pueblo tomemos control de nuestro destino. No podemos seguir permitiendo que otros decidan por nosotros. Si hasta ahora no lo han hecho bien, que esperanza tenemos de qué ocurra en el futuro. El tiempo nos ha enseñado, nos ha demostrado claramente que los partidos políticos no le han servido bien a los intereses del pueblo, ni al bienestar común de la gente. Sin miedo, emprendamos una nueva ruta, en busca de mejores condiciones de vida. El reto está, es tu decisión como pueblo, con valor y voluntad erradiquemos los partidos políticos.

Que no revalide ni un solo político, ninguno hasta hoy ha resuelto o encontrado solución para ninguno de los problemas que nos aquejan. Más que incapacidad, es falta de voluntad, para lidiar con nuestros problemas, que no son los suyos. Ellos no sufren escasez, ni necesidades, viven en la abundancia, que les provee un pueblo sufrido, sumiso y engañado.

Hicimos notar que todo el quehacer diario de nuestro pueblo, se ve afectado por las decisiones de los líderes políticos. Toda acción tomada tiene consecuencia, por los resultados hasta ahora, por las malas condiciones en que vive nuestra gente, las acciones no han sido satisfactorias. Toda acción, tiene por consecuencia, una reacción y es ahí donde duerme nuestro pueblo. No estamos reaccionando a las malas acciones y decisiones de nuestro gobierno. Protestamos en grupos pequeños, defendiendo nuestros intereses particulares. Quien al momento no se siente afectado, no se une a la lucha. Esa es nuestra mayor debilidad, ante las fuerzas opresoras del gobierno, los políticos y los grandes intereses económicos.

Cuando la lucha de cada sector de la población, sea la lucha de todos. Cuando nos unamos como pueblo y caminemos todos en una misma dirección. Cuando logremos vencer el mal que nos separa. CUANDO ECHEMOS A UN LADO EL FANATISMO POLÍTICO, el mayor enemigo de un pueblo unido. Cuando entendamos que el fanatismo político partidista a quien único beneficia, es a quienes nos discriminan y nos oprimen, a los políticos y los grandes intereses económicos que los subvencionan, solo entonces dejara de ser en vano nuestra lucha.

La lucha no puede continuar siendo de unos pocos, cuando de una u otra manera todo el pueblo se afecta. Cuando logremos echar a un lado todo lo que nos separa como pueblo, cuando logremos unir voluntades, la fuerza será tal, que no habrá poder opresor que nos venza. En cada rincón de este bendito país, tienen que empezar a surgir los líderes que nos unan para el comienzo de una verdadera lucha. No de una lucha armada, ni con violencia, es la lucha unida, del rechazo a aquellos que coartan nuestras libertades y el derecho al pleno desarrollo como país. Es la lucha unida, contra la marginación y el discrimen, Contra el desprecio de los pocos, hacia los muchos. Que acabe la sumisión, cero tolerancias a quienes tanto daño nos han causado.

La historia nos narra, de la caída de grandes imperios, de cómo sucumbieron gobiernos fascista, monarquías y grandes dictaduras. Ante la fuerza de un pueblo agobiado que cuando se une no hay gobierno que resista. Tenemos que empezar a redefinir el concepto DEMOCRACIA, quizás no solo en nuestro país, sino también en la mayoría de los países con llamados gobiernos democráticos. Cuando vemos como en realidad se gobierna, gobiernos de los ricos para los ricos. Los gobiernos del pueblo para el pueblo, nunca existieron. Lo que definimos como democracia y la forma de gobernar, en esos países democráticos, nos hace dudar del concepto democracia. Todos los países están gobernados por políticos impuestos por los partidos políticos y gobernando para los intereses de los partidos políticos.

O redefinimos el término democracia, o actuamos como se debe en una democracia, el pueblo gobernando para el pueblo, la igualdad de oportunidades, para todos los ciudadanos. Eliminemos los partidos políticos como primera opción y tengamos un nuevo comienzo. Una nueva y diferente forma de gobernar, sin políticos. ¿Será posible gobernar un país sin políticos o tendremos que llamar siempre políticos a los que gobiernan? Cuando hablamos de gobernar sin políticos, no estamos redefiniendo el concepto político. Hablamos de un país con un nuevo liderato sin afiliación a ningún partido político. Verdaderos líderes, no comprometidos con los grandes intereses económicos.

Siempre nos han hecho creer que el pueblo elige a sus líderes, a las personas que los van a gobernar. La verdad es que siempre han sido los partidos políticos, quienes escogen a las personas que dirijan los destinos de nuestro pueblo. Un nuevo movimiento es necesario, un nuevo comienzo, donde ninguno de los actuales líderes del gobierno sean partícipes. Un movimiento de pueblo, acción ciudadana, movimiento comunitario. Podemos crear muchos posibles nombres a un nuevo sistema de gobierno. Un sistema de gobierno del pueblo y para el pueblo, donde la prioridad sea el bien común. Donde todos los ciudadanos disfrutemos de las mismas oportunidades. Un sistema de gobierno, donde tal vez no logremos nunca, erradicar los prejuicios que nos llevan al discrimen y la marginación, pero si, reducirlo significativamente.

Terminemos con el paradigma de que los partidos políticos son los únicos que tienen la capacidad de gobernar las naciones del mundo. La crisis mundial actual, debe servirnos de estímulo, para la búsqueda de nuevas alternativas en la dirección del gobierno. Si ha quedado demostrado, que los partidos políticos no son la solución a los problemas que aquejan a la población mundial. Seamos nosotros los residentes de esta pequeña isla, llamada Puerto Rico, los pioneros en un nuevo sistema de gobierno. Sistema que sea funcional y sin partidos políticos. Donde deje de existir el fanatismo político y el único ideal sea, la búsqueda del bienestar común de la población.

Hay ideas que parecen utópicas, pero la realidad es, que para lograr objetivos hay que atreverse a dar ese paso inicial. Darlo sin miedo y con la seguridad de que son metas alcanzables. La definición de nuestro futuro está en nuestras manos, en las de un pueblo que si se une, jamás será vencido. La solución a los problemas que nos afectan como pueblo, es nuestra responsabilidad. Actuemos sin dilación, no permitamos la formación de otro partido político. Empecemos a dirigir lo que es nuestra empresa, el llamado gobierno, para beneficio de todos y no de unos pocos. Un gobierno de todos y para todos.

Aceptemos el reto, de ser nosotros los residentes de esta pequeña isla, los que iniciemos el cambio, una nueva forma de gobernar. Que nos gobiernen verdaderos líderes, personas comprometidas con el bienestar de todos.

Experiencias pasadas y las vivencias diarias nos enseñan de los muchos abusos cometidos contra el pueblo, por quienes los dirigen. Los abusos de unos pocos contra los muchos. Diferentes formas de gobernar, pero todos cometiendo crueldades, brutalidad, asesinatos, esclavizando a pueblos enteros. Llevándolos a la muerte en guerras desiguales e injustificadas, solo por el deseo de poder y grandeza, sacrificio de millones de vidas humanas y para beneficio de quien. Del pasado conocemos, el sacrificio de muchos, para el beneficio de pocos. Millones de vidas sacrificadas, por la avaricia, la maldad y el reconocimiento de unos pocos. Esos pocos han estado cometiendo los mismos atropellos contra el pueblo durante millones de años. Lo único que hemos aumentado en todo ese tiempo es la cantidad de abusadores contra la población y nosotros el pueblo seguimos tan sumisos como siempre. Renegamos de nuestra existencia, pero seguimos aceptando toda la maldad de quienes nos gobiernan.

Sigamos la trayectoria de quienes han gobernado a la humanidad. Tuvimos grandes guerreros que por su valor y sus ejecutorias, se convirtieron en líderes y gobernantes de sus tribus. Vivieron una vida de supervivencia, la de los más fuertes y valerosos. Solo ofrecieron a su gente, muerte, desolación, violencia y miseria.

Las grandes dinastías, quienes se sucedían en el trono como amos y señores. Heredaban sin importar su capacidad de liderato. Convierten a sus súbditos en esclavos y sirvientes, mientras ellos vivían en la exuberancia. Un pueblo trabajador viviendo en la miseria al servicio de una dinastía que no producía para el pueblo, ni le daba oportunidad de desarrollo.

Las llamadas monarquías, los reyes y sus famosos herederos al trono. Vivian con todo lujo y comodidades, teniendo a todo el pueblo, llamados súbditos a su fiel servicio. Solo sus allegados vivían con cierta comodidad. Un pueblo sumiso entregado al servicio de quien no les ofrecía, ni comodidad ni calidad de vida, un pueblo viviendo en la miseria. Con que mucho orgullo y reverencia daban loas a su rey. Aceptaban con orgullo su propia miseria, miseria que heredaban sus hijos.

Caen los grandes líderes guerreros, las grandes dinastías, los zares, los reyes. Surgen nuevas formas de gobierno, los socialistas, los fascistas, los comunistas y los llamados gobiernos democráticos. Con ellos surgieron también los grandes dictadores de la historia. Más atrocidades y abusos contra el pueblo. Los pueblos del mundo no han podido superar la miseria a la que los han sometido sus líderes.

Con cobarde resignación aceptamos, que hasta el día de hoy, ni uno solo de los sistemas de gobernar existentes desde el nacimiento de la humanidad ha logrado limitar o disminuir la miseria en la que vive más del noventa por ciento de la población mundial. Cada día aumenta más la brecha entre los ricos y los pobres. ¿Porque tenemos que seguir permitiendo tan mala distribución de las riquezas? ¿Porque tenemos que seguir permitiendo que los que menos trabajen y menos se sacrifican obtengan los mejores beneficios? ¿Porque se le hace tan difícil a quienes gobiernan y viven en la opulencia, suplir de unas decentes necesidades básicas de vida a la población necesitada? ¿Porque la población tan necesitada de bienestar y calidad de vida, no lucha por obtenerla? ¿Porque seguir permitiendo esos abusos contra la humanidad? ¿Cuál es la razón de esa sumisión?

El revolucionario ruso Lenin, desarrollo el concepto teórico llamado comunismo, doctrina formulada por los socialistas alemanes Karl Marx y Friedrich Engels que promulgaban una sociedad sin clases ni propiedad privada de los medios de producción. Antes lo que existía era una lucha de clases, donde imperaba el materialismo, se luchaba por el poder económico, el amor al dinero. El comunismo vendría a ser la salvación de la humanidad, la igualdad para todos, maravilloso en la teoría, pero utópico en la ejecución. Junto con la teoría comunista surgió un partido comunista, los dichosos políticos en control. Continúo el beneficio para unos pocos.

Un movimiento político y social y completamente totalitario, surgió en Italia, luego del fin de la primera guerra mundial y liderado por Benito Mussolini. No fue Italia el único país bajo la doctrina fascista, pero sí el más significativo en su ejecución. Bajo este sistema de gobierno fascista y de corte político, se cometieron grandes atrocidades contra la población a favor del poder político y económico.

De acuerdo con la Real Academia Española De La Lengua, el socialismo es, Un sistema de organización social y económico basado en la propiedad y administración colectiva o estatal de los medios de producción y en la regulación por el Estado de las actividades económicas y sociales. Como sistema de gobierno en los países en que existe no ha mejorado la situación económica, ni social de los menos afortunados. Si realmente fuera el colectivo quien estuviera en control de los medios de producción y de la regulación de las actividades económicas y sociales, podría verse una mejora significativa en bienestar y calidad de vida de la clase pobre. Estando el estado en control de un partido político, quien controla los medios de producción y la actividad económica y social, los beneficios continuaran siendo como hasta ahora, para unos pocos.

La llamada Democracia, que promulga la intervención del pueblo en los asuntos del gobierno, el pueblo en pleno dominio del gobierno. Quienes estamos viviendo bajo un supuesto sistema democrático de gobierno, podemos decir como pueblo, que estamos en pleno dominio del gobierno ¿Existe una solo persona en esta bendita isla que crea tamaña mentira? Cuando, si es que hubo una ocasión en que el gobierno estuviera bajo el control del pueblo. Desde la creación del concepto, democracia, no existe un dato en la historia que indique la existencia de un país en control del pueblo. Hemos sido engañados por siglos, con la llamada democracia. Todo el concepto Democracia lo han basado en el derecho al voto como única herramienta del pueblo. La realidad es que el voto no es la única herramienta con la que cuenta el pueblo para defenderse de los abusos del gobierno, pero si la de más fuerza, efectividad y la que menos esfuerzo requiere. Nunca se ha utilizado de manera adecuada o correcta, cuando votas lo estás haciendo bajo artimaña o engaño de los políticos y para elegir a candidatos impuestos por los partidos políticos. Aunque nos parezca raro y aunque muchos no lo crean, la democracia nunca ha existido.

En este escrito, no se está teorizando acerca de los sistemas de gobierno pasados y presentes. Es el razonamiento de una realidad que la historia ha marcado para siempre. Fuera de todo fanatismo político, tenemos que aceptar que quienes han gobernado por siglos los pueblos de nuestro mundo, no han podido resolver los graves problemas que afectan a la humanidad. Siempre ha sido el dominio o control de unos pocos sobre los muchos. Esos muchos que en todos los países del mundo y no somos la excepción, sufren todos los males de la humanidad, siguen siendo mayoría. Todos los gobiernos del mundo, propician riquezas para unos pocos. Mantienen una mala distribución de las riquezas, donde los que más trabajan reciben menos.

Como podemos explicar el hecho, de que por tantos siglos, hemos permitido los abusos de quienes nos gobiernan. Será dejadez, miedo, debilidad o la aceptación de sentirnos inferiores, que nos hace sumisos, serviles, cobardes y esclavos. Hasta cuándo vamos a aceptar, que nos sigan gobernando quienes nunca han podido resolver los males que nos aquejan. Es tiempo de que todos nos movamos y caminemos hacia un mismo propósito, la búsqueda de lo mejor para todos. Tomemos las riendas de nuestro destino, seamos nosotros mismos quienes de forma decisiva resolvamos nuestros propios problemas, no podemos seguir delegando en los gobernantes actuales, políticos de profesión.

Todos sabemos que estamos siendo gobernados por políticos, escogidos por los partidos políticos para gobernar, partidos políticos que están bajo el control de los grandes intereses económicos. Que todo el país está en crisis económica, exceptuando a los políticos y los poderosos económicamente. Por eso se hace imprescindible la erradicación de todos los políticos que nos gobiernan. Por vez primera en la historia, el pueblo debe comenzar a gobernar. Para el comienzo de una forma eficiente de gobernar, hay que eliminar todo lo que no ha funcionado nunca. Para lograrlo, primero hay que atreverse, se tiene que tomar la iniciativa, organizarse y lograr el respaldo de todo el pueblo.

Las tres formas de gobierno más conocidas, el comunismo y el socialismo que tanto asustan a la gente residentes en los llamados estados democráticos y la misma democracia, tienen en la teoría conceptos que benefician al pueblo. En la práctica, las tres formas de gobierno le hacen un gran daño a la mayoría del pueblo. La causa de tanto daño, es la poca participación del pueblo en defensa de sus intereses. Todos los pueblos del mundo están dirigidos por políticos en defensa de sus intereses particulares y las de sus partidos políticos. Si tomamos como base el principio de las tres formas de gobierno, la completa participación del pueblo en todas las funciones del gobierno, gobernar será todo un éxito.

Todo cambio es difícil de aceptar y más cuando el pueblo está acondicionado, casi enajenado de la realidad por el adoctrinamiento de los políticos. Todo el tiempo han mantenido al pueblo en luchas pueriles o estériles que los tiene divididos y débiles en la lucha contra los opresores. No es con protestas de grupos aislado en contra de los abusos del gobierno de turno. Es todo un pueblo unido, en pie de lucha. A un pueblo bien orientado, organizado y sin temor, no lo vence ninguna fuerza militar en el mundo.

La propuesta es presentar un proyecto de pueblo, que dé inicio acuerde la eliminación de todos los políticos que gobiernan nuestro país incluyendo la legislatura. Eliminemos a los llamados honorables, quienes por tantos años han logrado engañar, desestabilizar y desunir, no solo al pueblo, sino también a millares de familias. En el logro de unión de propósito, está el comienzo del fin de la marginación, la humillación, los prejuicios, la opresión y la pobreza.

El pueblo debe lanzarse a la calle, no a protestar por la crisis que nos ahoga, sino a buscar las soluciones a los problemas que nos aquejan. No se debe seguir delegando en quienes nunca han logrado resolver los problemas que hoy nos llevan a una crisis económica, social y emocional. Es encontrar a esos verdaderos líderes que existen en cada rincón de nuestra bendita isla. Sin más demora, busquemos a quienes de verdad pueden servir bien al pueblo, los verdaderos líderes están en medio de ese pueblo por tantos siglos abusado. Es indispensable que empecemos de nuevo, dejando a un lado todo lo malo a lo que nos hemos acostumbrado por tantos años, a todo lo que tanto daño nos ha causado. Decidirse a comenzar es erradicar, eliminar todo lo que por tanto tiempo ha obstaculizado el desarrollo de todo lo que es bienestar para el pueblo. La salud física y emocional la educación, la seguridad, la estabilidad económica y sobre todo la unidad familiar. Todos conocemos que el gobierno dirigido por políticos ha sido un desastre en todos los ámbitos conocidos.

Dentro de una sociedad con características democráticas, todos los ciudadanos tienen derechos y deberes, más sin embargo vemos descaradamente como los políticos, dirigentes del gobierno les exigen cumplir con sus deberes y dar el extra al ciudadano y por otro lado limitan sus derechos. Democracia es más que el sagrado derecho al voto, que la libertad de expresión y de reunión, más que la libertad de prensa. El voto deja de ser efectivo, cuando es inducido mediante engaño a una mala decisión. La libertad de expresión ha sido coartada miles de veces en nuestro sistema democrático de gobierno, la de reunión, ni se diga. La libertad de prensa ha sido tantas veces agredida, que periodistas, de prensa escrita, radial y televisiva al igual que medios de comunicación, no todos, se han aliado o alineado con los partidos políticos.

Que mucho pudo haber ayudado una verdadera prensa libre, ayudado al pueblo a conocer la realidad, de lo que ocurre y no permitir, ni ser cómplices del engaño al que han sometido al país los partidos políticos. Con una prensa libre y fiscalizadora, no estarían por la libre los abusos del gobierno en contra de la ciudadanía. La democracia que hoy conocemos es una falacia, ha sido siempre un engaño al pueblo. La única realidad en la democracia, es la fuerza y el control que da el poder económico. Poder económico que hasta hoy a nadie le ha importado como lo ha logrado, quien lo tiene. El poder del dinero en control del pueblo, es lo verdaderamente real dentro de la democracia.

Nuestro gran propósito, es crear conciencia del mal servicio y los abusos cometidos por los partidos políticos, en contra del pueblo. Despertar al pueblo de ese letargo en el que se encuentra y que le ha permitido a los políticos seguir en control del país y no para bien. Levantar a un pueblo para que salga en búsqueda de nuevas y buenas formas de gobernar. Un pueblo que reconozca la necesidad prioritaria de erradicar de la dirección del gobierno a aquellos que obstaculizan el logro del pleno desarrollo como pueblo. Lograr que ni un solo político en la dirección del gobierno revalide, ni en el gobierno central ni en la legislatura. Lograr como proyecto de pueblo, que todos nos unamos, nos organicemos y busquemos juntos una nueva manera de gobernar, donde el beneficio sea para todos y no para unos pocos.

Los políticos tienen dos grandes virtudes, la hipocresía y un arte para engañar y convencer increíble. Además de tener una gran creatividad y habilidad para sacarle el dinero del bolsillo al ciudadano trabajador. Que muchos proyectos de ley para allegarle dinero al erario público y todos son impuestos y contribuciones a la ciudadanía. Para cada servicio que ofrece el gobierno hay un requisito de pago de dinero. Año tras año el poder adquisitivo del dólar disminuye, lo que es equivalente a una disminución en los ingresos del ciudadano. Por el contrario, los políticos, como por ejemplo los de la legislatura, tienen aumentos significativos, altos pagos de dietas exentas de contribuciones, gastos de viaje y de representación. Acomodo en el gobierno de familiares y allegados políticos con sueldos superiores al del empleado público común. Podemos conocer quien le paga a los cabilderos que van a la legislatura a proponer proyectos que no benefician al pueblo, pero no podemos conocer, a quien pagan esos cabilderos para conseguir que se apruebe su legislación. Son realmente gente privilegiada estos honorables legisladores, o verdaderos sacrificados servidores públicos, que trabajan sin descanso para beneficio del pueblo, juzgue usted, ciudadano trabajador.

El gobierno paga muy bien a cabilderos, generalmente norteamericanos, para que los Estados Unidos, nos devuelvan parte de las ganancias que obtienen bajo el nombre de ayudas económicas. Otro lo llaman mantengo y los políticos, la generosidad de los Estados Unidos. Otro dato interesante del daño que el gobierno le hace a la ciudadanía, es la promoción de todo tipo de juego de azar, el gobierno hace grandes esfuerzos por sacar todo el dinero posible del bolsillo de la gente de este país. El gobierno es el mayor promotor de los juegos de azar, que tanto daño le hace al bolsillo del ciudadano y que en nada ayuda a mejorar la situación económica por la que atraviesa el país. La creación de todos estos juegos, se alega es con la intención de allegar dineros para devolverlos en servicios al pueblo. Veamos qué porcentaje realmente vuelve al pueblo. El manejo de todos estos llamados juegos de azar está en manos de empresas privadas, empresas que para que se les adjudicara el manejo de dichos juegos, tuvieron acercamientos con políticos y administradores del gobierno. El uso de cabilderos es bien usual en estos casos. Al final, quienes ganan en la transacción son los políticos y quienes logran administrar los juegos por lo lucrativo que les resulta.   Al momento de repartir ganancias un tanto por ciento significativo es la ganancia de quienes administran los juegos. Otro porcentaje se va en gastos de operación y la cantidad que llega al pueblo como servicios, no es consonó con el daño económico y emocional que le causa al pueblo.   Aumenta el endeudamiento del ciudadano común y mejoran las arcas de quienes administran el gobierno, los políticos.

Como podemos resolver este antagonismo, producto del empeño de los políticos en pretender legislar para beneficio del pueblo y cuando se legisla quien menos se beneficia es el pueblo. Pretender hacer creer al pueblo, que los legisladores, perdonen, los honorables legisladores, son servidores públicos, que se deben al servicio de sus constituyentes, es engañarlo. Quienes mejor conocen la realidad del craso servicio que dan los legisladores son sus constituyentes. Quienes se benefician del buen trato de los legisladores, son los que los adulan, los alcahuetes que los hacen sentirse importantes y necesarios. El servicio público es mucho más de lo que pretenden los políticos. Esta el servicio que se ofrece con entusiasmo, desinteresadamente y quizás con sacrificio. Esta el servicio que se ofrece con fines de lucro y cuanto menos escrúpulos mayor el beneficio económico de quien lo ofrece, ahí es que esta la confusión de los políticos que dicen llamarse servidores públicos. El servicio público es amor y sacrificio, no es opresión y lucro.

Hay diversidad de formas de mejorar la economía, pero pretendiendo exprimir el bolsillo del pueblo trabajador, quienes son los que mueven lo que queda de nuestra enferma economía, no será posible. Tampoco es poniendo cientos de dólares en los bolsillos de cada familia, para que lo malgasten consumiendo, lo que no son artículos de primera necesidad, en establecimientos de capital extranjero, que reinvierten en el extranjero para beneficio de una economía extranjera. De lo poco que queda aquí, se reparten por igual los políticos sus llegados y los grandes intereses económicos, que queda entonces para el pueblo. Lo que todos sabemos, una economía de subsistencia, que no ha mejorado con ningún cambio de gobierno. Continúa la miseria, la opresión por parte del estado y las limitaciones económicas.

CAPÍTULO 12

LA NOBLEZA Y EL VALOR NACEN GEMELOS

JOSÉ COLL Y TOSTE

Los políticos conocen que la mayor debilidad de un pueblo, es su incapacidad para tomar decisiones en grupo y de forma desinteresada. Los políticos siempre están en función de mantener al pueblo bajo esa debilidad. La ciudadanía siempre está en busca de una disculpa ante el opresor. El prejuicio por parte de las altas esferas sociales, el poder económico y el del gobierno como poder político, producen no solo dominación, producen miseria y marginación. Esta obsesión, que los lleva al caudillaje que produce indigencia y marginación es tan constante y consistente, que se ha institucionalizado de tal forma que lo estamos aceptando de forma dócil y sumisa. Es realmente ese nuestro destino, es la forma en que queremos vivir, es que vamos a seguir subsistiendo. Continúa en nuestras manos, nuestro destino final, o queremos liberarnos de la marginación y buscar el bienestar para todos, o continuamos como mansos corderos, aceptando todo el daño que nos están causando. Aceptamos sin titubeo los abusos que cometen los políticos y terminamos acatando sin protestar todo mandato por injusto que este sea. Los políticos conocen que nuestras rebeldías son momentáneas, pero nuestra docilidad es permanente, por eso revalidan cada cuatro años. Los políticos no complacen a nadie, puesto que están tratando todo el tiempo de complacer a todo el mundo en una población en donde hay tanta divergencia. Cumplen a capacidad con su función, tratar con todos y no lograr con ninguno.

Existe la posibilidad de que algún país del mundo, logre antes que nosotros, erradicar ese mal que tanto daño nos hace. Ese mal que es común en todos los países que son gobernados por partidos políticos. Son ellos, los partidos políticos, quienes controlan el poder en todos los pueblos del mundo. Son ellos los que han permitido el lento desarrollo de la humanidad. Quienes han permitido que continúen las fronteras entre los pueblos. Que se gaste más dinero en armas de destrucción masiva, que en medicinas para curar enfermedades. Continúan con la misma estrategia de miles de años, riqueza para unos pocos y miseria para los muchos. Da la impresión de que las naciones han adelantado mucho, pero la realidad es que es muy poco lo que han adelantado al no lograr la paz entre ellas. El mantener las diferencias y continuar las guerras es función de los dirigentes de las naciones del mundo, es la realidad que todos conocemos. Hay quienes piensan que no todas las naciones están dirigidas por políticos. Los dirigentes políticos que se hacen llamar líderes religiosos, aprovechando el fanatismo religioso de millones de seres humanos, son responsables por los abusos y crímenes de millones de seres inocentes. Líderes religiosos que mienten ante Dios y ante los hombres con promesas de un verdadero paraíso después de la muerte, para quienes provocan la muerte de otros seres inocentes. Es acaso, la inmolación o suicidio, el asesinato el verdadero sendero hacia la conquista de ese paraíso prometido, otra gran mentira de los líderes políticos con disfraz de religiosos.

Miles de años llevamos de guerras, muchas de ellas de carácter religioso. Se sacrificaron millones de vidas en luchas sin sentido, guerras que no aportaron un ápice en mejorar la calidad de vida de la ciudadanía. Los logros fueron, un aumento significativo en incapacitados, físicos y mentales, aumento en los gastos de gobierno en armas para destruir vidas humanas. Gastos que pudieron ser usados en combatir las enfermedades que aquejan a la ciudadanía. No hay manera de que los dirigentes de las naciones del mundo pueden mejorar la calidad de vida de sus ciudadanos llevándolos a participar en guerras inútiles. Entre las naciones del mundo existen grandes diferencias, lo que no existe es conciencia, ni razonamiento para buscar soluciones que beneficien a todos y menos, tolerancia para lidiar con las diferencias. Estamos viviendo en un tiempo de exterminio, donde prevalece la ley del más fuerte, no hay sabiduría, bondad, benevolencia, caridad, ni paz, solo la búsqueda del dominio mediante la fuerza salvaje de la guerra.

Cabe preguntarse de qué forma se beneficia el pueblo con las decisiones que toman sus líderes y aclarar quién es responsable por esas malas decisiones. La responsabilidad recae en un pueblo irresponsable que no tiene el valor de asumir compromiso por los problemas que les afectan y continúan delegando en líderes sin escrúpulos. Líderes que han sabido aprovechar la dejadez y la desunión de la población para resolver sus problemas. En un pueblo que no se une y camina en una misma dirección no hay logros obtenibles.

Por medio de la administración pública, que es controlada por los partidos políticos se cometen muchas injusticias, atropellos, abusos y pésimos servicios al ciudadano común. El proceso de abusos por parte del estado se ha institucionalizado de forma tal que vemos como ocurre a todos los niveles y jerarquía sin que el pueblo lo combata. Resulta penoso ver como personas mayores y personas de escasos recursos económicos son atropellados en las distintas agencias del gobierno. Quienes vienen dados a ofrecer un buen servicio como buenos servidores públicos, se han contaminado y hoy en día son tan opresores como la elite política, social y económica. Muchos de estos a quienes llamamos servidores públicos y que tan difícil le hacen la vida a quienes solicitan sus servicios vienen de familias que aún viven en la marginación y el prejuicio. Donde quedo, el cariño, el afecto y el respeto típico de un verdadero servidor público, hacer bien y no mirar a quién.

Los políticos están tan convencidos de que somos un pueblo sumiso y tan dócil como el cordero de nuestro escudo, que ya no disimulan y ni solapadamente cometen atroces abusos, marginación y opresión contra la población. A diario vemos y oímos de acciones del gobierno que van en detrimento del pueblo y que hacemos, nada. Los actos de violencia ocurridos en nuestro primer centro docente, la Universidad. La represión en contra de la libre expresión, el no al diálogo, la falta de interés en resolver los problemas. La provocación, el uso de fuerza excesiva y la intimidación contra quienes difieren de las posturas de los políticos que gobiernan el país, son prueba fehaciente.

Una clara forma de represión por parte de los políticos que nos gobiernan, es el intento de acallar una de las voces más firmes y fuertes en la defensa de los derechos de los ciudadanos, EL COLEGIO DE ABOGADOS. Una institución centenaria que ha servido y cumplido su propósito de defender los derechos de los menos afortunados y más atacados por el abuso institucionalizado del gobierno. Entre los servicios que ofrece el colegio de abogados esta, la comisión de acceso a la justicia. Esta comisión fue creada para proveer servicios suficientes que garanticen a la población indigente y aquellos en desventaja económica, servicios de abogacía, solución de conflictos y procesamiento de sus necesidades de orden civil de la mejor calidad. Aquellos que atenten contra esta institución, atentan contra el bienestar de aquella parte de la población más necesitada y eso lo saben los políticos que tratan de destruir al colegio de abogados. ¿Qué ha hecho un pueblo necesitado para defender a quienes le sirven bien, contra quienes tratan de destruirlo? Es increíble ver como acepta el pueblo de forma tan pasiva, que se destruya lo que los ayuda, acatando sin protestar lo que hacen los políticos no importa lo injusto que sea.

Da grima ver lo difícil que se le hace a un pobre ciudadano, necesitado de servicios médicos para un familiar, conseguir el dinero. Servicios médicos que están cada día más caros gracias a las gestiones de nuestro gobierno en pro de los grandes intereses económicos y sus ahijados políticos. Que difícil se le hace al necesitado en nuestro país recoger dinero para resolver por una causa justa y que fácil se les hace a los políticos recoger miles de dólares en cuestión de horas para la campaña política que los llevara a lucrarse con los dineros del pueblo. No les parece más que antagónico, contraproducente que algo de esa naturaleza ocurra y el pueblo lo acepte, constante y consistentemente.

No es una crueldad decir que los políticos se lucran con los dineros del pueblo. Me explico, cada vez que un político dentro de su función y no digo de servicio público, por qué la realidad es que no ofrecen un servicio público, utilizan un automóvil de lujo y de alto consumo de gasolina, sin que produzca un servicio, se sirve del pueblo. Esto ante la situación económica y el sacrificio que se le pide al pueblo que haga. Cada vez que la legislatura o sus llamadas comisiones se reúnen como parte de sus funciones normales y cobran una dieta, que equivale al salario neto de algunos padres de familia, se lucran del pueblo. Cada vez que un funcionario público hace uso indebido de su tarjeta para gastos de representación, y créanme que ocurre con frecuencia, se lucra del pueblo. Cada vez que un funcionario de gobierno o legislador viaja al exterior en viajes dic qué oficial hacen uso excesivo e innecesario de los dineros del pueblo. Con el pago de sueldos innecesarios a ayudantes especiales, se le roba al pueblo. Con el sobrepago o pago por encima del requerido por la función realizada, a familiares y amigos de políticos se roba al pueblo. Con el pago de sueldos altos e innecesarios a miles de alcahuetes políticos, se le roba al pueblo. Cada vez que se legisla a favor de los cabilderos de los grandes intereses económicos, se lucran del pueblo. De muchas otras formas funcionarios de gobierno sin conciencia, inepto y corrupto malgastan, mal usan, o malversan cientos de millones de dólares, que pudieron dar un buen servicio al pueblo, o cubrir necesidades básicas de gente de escasos recursos económicos. Eso sería dar un buen servicio al pueblo.

Veamos una razón por la cual es necesaria la erradicación de los partidos políticos. Los partidos políticos son como maquinarias sofisticadas que poseen miles de piezas en su engranaje. Cada pieza en ese engranaje, es un político, Quien puede ser una persona honesta y bien intencionada, como puede ser un delincuente, un profesional bien cualificado, un buscón de siete suelas o un corrupto incompetente. En fin, dentro de las piezas de ese engranaje, representado por personas hay de todo como en la viña del señor. Lo que lo hace diferente son las intenciones por las cuales forman parte de ese engranaje. Generalmente se busca un acomodo político en el gobierno. Lo que implica o lo que significa un acomodo político es un trabajo bien remunerado, sin mucho requerimiento, ni esfuerzo físico. La intención primaria no es ofrecer un servicio de excelencia para beneficio del pueblo, es lucro. Por eso vemos y sabemos cuántos miles de empleos en el gobierno se dan a esas personas, como partes del engranaje político. Sabemos cuántos miles de personas con preparación académica a nivel de maestría ganan menos dinero que empleados en la legislatura que hacen trabajos de mensajería, de conductores y algunos llamados ayudantes especiales que realizan trabajos dudosos. Algunas de estas personas siquiera completaron un cuarto año de escuela superior. Una mayoría significativa de las personas que tienen todo el tiempo para hacerles campaña a los políticos, no trabajan, pero pasan factura.

Debe haber un periodista que tenga los pantalones en su sitio y haga un trabajo investigativo de los miles de trabajos en el gobierno, donde no está la persona mejor cualificada, ni los salarios son cónsonos con la labor que realizan. Que nos dé a conocer de los miles de trabajo que son en pago a favores políticos. Cuantos son acomodo de amigos y parientes de políticos y quienes realizan trabajo deficiente. No puede haber eficiencia en el gobierno con tanto político ineficiente. Cuál es la razón de estos privilegios en el gobierno, será la afiliación política. Cuando no se da trato igual, ni se brindan las mismas oportunidades, no hay democracia, ni eficiencia. No es un gobierno del pueblo, ni para el pueblo, el beneficio sigue siendo de los políticos y para los partidos políticos.

Mientras existan los partidos políticos no habrá igualdad de trato, ni de oportunidades. Ahora es el tiempo de que el pueblo despierte de ese letargo en el que lo han sumido quienes los gobiernan, haciéndoles creer que están trabajando en beneficio de ellos (el pueblo). Cuando analizamos en términos de bienestar y calidad de vida notamos la diferencia entre los políticos y el resto de la población. Observamos la posición de privilegio con la que viven estos políticos, gracias a un pueblo sumiso y dócil que no hace nada por salir de los males en que los tienen sumidos los políticos que gobiernan el país. Por qué seguir respaldando los atropellos de los políticos, que ni uno solo de ellos revalide, esa es la única forma de un comienzo exitoso. Cero sumisiones y docilidad, solo triunfan los que con nobleza y valor se atreven.

CAPÍTULO 13

UN RELOJ ROTO DA LA HORA EXACTA DOS VECES AL DIA

Quizás cientos de personas tendrán magnificas ideas de cómo dirigir los destinos de nuestro país y cualquier país del mundo, sin la injerencia de los partidos políticos. Cuantos cientos de millones pensaran que no se puede gobernar sin la participación de los partidos políticos en los asuntos del gobierno. Por qué a nadie se le ocurrió antes la posibilidad de un gobierno libre de los partidos políticos. Conociendo todo el daño mayúsculo que estos han causado por siglos, cual es la insistencia de que sigan en control de todos los gobiernos del mundo. A que estamos esperando, a la destrucción total del planeta tierra, que nos conviertan en cenizas y tratar luego de resurgir como el ave fénix. Cuanto antes salgamos de quienes dañan nuestra existencia, mayores las posibilidades de una restauración total, de una mejor convivencia, de más y mejor bienestar para todos, por qué todos seremos participes y responsables de todas las decisiones que se tomen.

Un gobierno de todos y para todos. Un gobierno de igualdad de oportunidades para todos. Cuando todos tienen las mismas posibilidades participativas disminuyen significativamente el prejuicio, la opresión y la marginación. Todos esos males son cónsonos con la prepotencia que han mostrado a través de la historia los dirigentes de todas las naciones del planeta. Nuestras posibilidades están en una nueva forma de gobernar, mientras esto no se logre seguiremos arrastrando con todos los males que nos aquejan.

En los últimos siglos y eso equivale a muchas generaciones, hemos oído del término Democracia y de tierra de libertades y de igualdad de oportunidades. Es la democracia que se dice, pero que no se hace. Una democracia que dice de libertades, pero coarta la libertad de expresión, se reprime la libertad de reunión, el derecho al pleno desarrollo como individuo y como colectivo, se mantiene al pueblo limitado, democracia que dice de igualdades, pero no valen lo mismo un blanco y un negro, un rico y un pobre, una democracia que dice de las mismas oportunidades para todos y no todos tienen las mismas oportunidades, ni las mismas posibilidades. Una democracia de buen gobierno para todos y solo se gobierna para los ricos, y los poderosos partidos políticos. No existe el bien común dentro de esa llamada democracia que tanto promulgan los políticos. Es una democracia que se dice, pero no se hace. Vivimos en una democracia de desigualdades, de discrimen y limitaciones.

No hay ejemplo mejor de discrimen y desigualdad que el concepto de comunidades especiales, El concepto de comunidades especiales nace en nuestro país, pero lo que significa existe en todos los países del mundo. Son las llamadas comunidades marginadas, las clases sociales bajas, los lugares donde vive la gente con menos escolaridad y menos recursos económicos. Donde las probabilidades de desarrollo y superación son menores. El ente opresor en todas las comunidades marginadas del mundo es el estado o gobierno. Las nuestras se encontraban en los arrabales, luego fueron mudadas mediante la repartición de parcelas o invadieron lo que hoy llamamos barriadas, lugares en su mayoría zonas inundables y de deficiente infraestructura. A otros los agruparon en los caseríos, hoy con nombre más sofisticado y encubridor, residenciales públicos. Siempre con la etiqueta de marginados y separados del resto de las comunidades, se estableció la diferencia, inclusive hasta en las áreas en las que residirían. No solo se les separo, sino que se les limito su derecho a un desarrollo justo, con lo que terminaron sintiéndose inferiores.

No conocemos de ningún país donde la proporción de ricos aumenten y la de pobres disminuya. Sabemos que los ricos son ahora más ricos y los pobres más pobres. Como único existe la posibilidad de que la situación de los pobres, que son la inmensa mayoría de la población mundial mejore, es un pueblo unido en control del gobierno. Cada país tiene que empezar a buscar las alternativas que les ayuden a salir de la crisis en la que nos metieron los dirigentes de todas las naciones del mundo. Todas deben comenzar, eliminando los partidos políticos y los respectivos líderes actuales. Es el inicio de la única posibilidad de reducir la pobreza a nivel mundial.

Por medio de la prensa, escrita, radial y televisiva conocemos todo lo que a diario ocurre en el país. Por lo general los políticos son noticia a diario, con sus aciertos y desaciertos, conocemos de sus ejecutorias. Pero conocemos muy poco de la forma en que funciona la maquinaria política y de cómo está controla la calidad de viva de la ciudadanía. Los partidos políticos para mejor control, divide al país en áreas o distritos senatoriales y representativos, con control en la rama legislativa. Llaman a la población existente en esas áreas "constituyentes". El país está dividido en setenta y ocho pueblos o municipios, representado ante los partidos políticos por un alcalde y una asamblea legislativa municipal. El país cuenta con un gobernador y un representante ante el congreso de los Estados Unidos de Norteamérica, con voz pero sin voto, dicho de otra forma sin injerencia en las decisiones que allí se toman. Este representante ante el congreso de los Estados Unidos, representa, no los intereses del pueblo de Puerto Rico, si no los del partido político que lo eligió. El gobierno es administrado por más de cien agencias gubernamentales, públicas o cuasi públicas y todas bajo el control del poder político. Todas en mayor o menor manera allegan dineros para futuras campañas de los partidos políticos y para los bolsillos de algunos delincuentes dentro de esas diferentes agencias de gobierno, cuyo fin primordial debió ser el servicio público.

Vemos como el gobierno y todo el dinero que en él se genera esta en control del poder político, quien determina los porcentajes que son devueltos al pueblo en bienes y servicios y que por ciento es usado para perpetuar el control del poder político. Cuando hablamos de perpetuar, lo decimos en el sentido amplio de la palabra y a todos los niveles en el gobierno, con mayor énfasis en la legislatura y los gobiernos municipales.

En los municipios es donde con más contundencia vemos como los alcaldes y algunos de sus ayudantes se perpetúan en las alcaldías a punto tal que las convierten en posiciones hereditarias. Aquí vemos en su máxima expresión el control político sobre la población. En la medida en que van pasando los años en los municipios se va limpiando la casa de empleados de otra afiliación política y a la vez va aumentando el control político. En la medida en que tengan un tanto por ciento significativo de empleados municipales de la misma ideología que el incúmbete en la poltrona municipal, se va facilitando el poder político a perpetuidad.

Cada empleado municipal, familiares y allegados a quienes se les provee de mejores servicios que al resto de la población, aseguran un tanto por ciento considerable de votos a favor del partido político en el poder. A nivel de municipio comienza la represión de derechos y las deficiencias en contra de la población que es contraria políticamente. Las contrataciones para obras permanentes y servicios al municipio, se dan basándose en amiguismo, misma afiliación política, donantes a campañas políticas y no sobre la base de mejor propuesta y calidad de servicio. La realidad es que en las propuestas para cada proyecto comienzan los acuerdos de cómo se va a repartir el dinero. Mientras mayor el costo del proyecto propuesto, mayor las igualas a favor de políticos a nivel municipal y estatal. Esto ocurre con mucha frecuencia, lo difícil es poder probarlo en las cortes por el nivel de conocimiento de cómo evadir la justicia cuando se cometen actos de corrupción. Muchas de esas honorables personas que cometen actos de corrupción o roban dinero están bien asesoradas por abogados pagados con el dinero del pueblo.

En los municipios comienza el verdadero control político, por estar estos líderes en mayor contacto con la población, estos líderes municipales extienden su poder hasta el gobierno estatal y agencias de gobierno donde acomodan, familiares, ayudantes en campañas políticas. No es solo, el que esas personas, estén en esas posiciones por acomodo político, sino que ostentan sueldos fabulosos y no acordes con las tareas que realizan. Si en verdad a los políticos les importara la crítica situación por la que pasa el pueblo, no cometían abusos de tal magnitud. Ver a tantas familias sin un sueldo que resuelva su precaria situación económica, mientras ellos despilfarran el dinero del pueblo con sueldos fabulosos a amigos, correligionarios y allegados. A diario conocemos de situaciones como estas en todas las agencias del gobierno, la legislatura y los municipios y que hacemos para resolver la situación, nada. Esperamos que vengan otros a resolver lo que es nuestro problema, no resuelven los problemas y solo conseguimos un aumento en las personas causándonos problemas.

No podemos seguirles el juego a los políticos, quienes no han logrado o no les ha importado resolver los problemas que afectan a la población necesitada. No es cambiando políticos por otros políticos con las mismas patrañas. Lo sabemos, los conocemos y los acomodamos para que sigan abusando, continúen engañando, turnándose en el poder y perpetuando el enorme daño contra la población. Insisto, los derechos y los privilegios no pueden continuar siendo de unos pocos por su condición de políticos. El derecho a la igualdad de oportunidades, es un privilegio de todos y exigirlo a quienes impiden ese derecho, es pérdida de tiempo. Los que ostentan el poder y nos discriminan, jamás ni nunca serán vencidos con un pueblo tan dividido.

Cada vez que surge la intención de un nuevo partido, o surge un nuevo movimiento político, los autoproclamados amos del país, gozan por la seguridad que les da, de mantenerse en el poder. Es la arcaica, única forma de buscarle solución a un problema de siglos. No podemos combatir los males que nos aquejan, creando otros males parecidos. La creación de otros movimientos políticos no resuelve los problemas que le han creado los partidos políticos al pueblo. No es solo que seamos un pueblo sumiso, un pueblo que ha vivido por siglos añangotado, es que tampoco hacemos nada diferente de lo que quieren los políticos, los que nos mantienen engañados, los que viven de los demás. Cuanto más nos dividen los que piensan en la creación de otros partidos   políticos, más lejos las soluciones a nuestros problemas como pueblo.

Tal vez para muchos de nuestros conciudadanos, la respuesta a los males que nos aquejan, está en lo que les voy a proponer, no la crean la mejor, pero si les garantizo que es un nuevo comienzo o tal vez el mejor esfuerzo en siglos para eliminar lo que evita nuestro pleno desarrollo como pueblo, nuestro bienestar y el logro de una mejor calidad de vida. Hemos estado haciendo lo mismo durante mucho tiempo y sin resultado positivo. Siempre hay resistencia al cambio, a lo nuevo y diferente, a lo que no se conoce. La intención es crear conciencia en el pueblo de la búsqueda de soluciones reales y de iniciativas en la ciudadanía. Los objetivos se logran cuando se plantean, se evalúan, se valoran y se ejecutan, para todo tiene que haber un comienzo. No es seguir funcionando como un reloj roto que solo da la hora exacta dos veces al día.

CAPÍTULO 14

QUIENES NO FOMENTAN LA TOLERANCIA, NI EL RESPETO AL PRÓJIMO, QUIEN NO SE A PREOCUPADO NUNCA POR EL BIENESTAR DEL PUEBLO; NO TIENE LA CAPACIDAD PARA SACARNOS DE LA CRISIS

Antes de entrar de lleno en mi propuesta, permítanme el análisis de otro grupo, que cuando surgió como institución creo muchas y altas expectativas, el de los sindicatos y las uniones. Cuyo fin primordial es el representar los intereses de los trabajadores ante el patrono. De inicio, su resistencia a los abusos que se cometían contra los trabajadores, fue exitoso en términos de las leyes laborales que fueron legisladas a favor de estos. Fueron luchas titánicas de grupos de trabajadores con intereses comunes las que lograron mejores condiciones de trabajo, para ellos y las generaciones que le sucedieron. Esos fueron ejemplos de que tan lejos y que tanto se logra en beneficio de grupos en desventaja cuando se unen. La mutua cooperación en defensa de unos mismos intereses, caminar todos en una misma dirección, sin ventaja para nadie, solo la búsqueda del bien común. Esas luchas obreras fueron ejemplos de que tan lejos se puede llegar cuando las luchas por causas justas, cuentan con el acuerdo de todos.

Lo que sucedió luego, es lo lamentable, ver como los líderes obreros, comenzaron a ceder ante la avaricia del dinero, el poder y la vida de lujos. Los políticos y digo los que son corruptos, comenzaron a sonsacar o aliarse con líderes sindicales, que perdieron dignidad y vergüenza ante el poder que da el dinero. Estos se mantuvieron con el manto de líderes obreros, pero en realidad se convirtieron en aliados políticos de quienes dirigían el caudillaje contra el pueblo. Los partidos políticos comenzaron a reclutar para beneficio propio, a quienes habían logrado aglutinar a grandes masas de personas en busca del bien común. Esto estaba en contra de uno de los principios básicos de los partidos políticos, la de mantener la desunión del pueblo. Mientras logren mantener al pueblo en continuas diferencias de ideas y criterios, un pueblo sin líderes que los unan en busca del bien para todos, el trabajo resulta cómodo para los partidos políticos. Los líderes sindicales, dan la apariencia de luchar a favor del pueblo, pero la realidad es que su lucha es por los intereses de grupos pequeños y para pequeños logros, esto solo crea más división en el pueblo. Mientras se siga luchando por intereses particulares o individuales, no se conseguirán los grandes logros a los que aspira el pueblo en busca del bien común y una mejor calidad de vida.

No sabemos si estos líderes obreros cedieron ante los líderes políticos a sabiendas, mediante engaño o por ingenuidad, la verdad es que quien tiene la malicia lleva la ventaja y si algo nos ha demostrado la historia es la mucha malicia que hay en algunos líderes políticos, los pocos que en realidad logran sobresalir. No es carisma lo que más se necesita para sobresalir como líder en la política, es la malicia que otros llaman astucia, lo que los hace diferentes, es el medio utilizado para lograr el fin propuesto.

Si tomamos como ejemplo las grandes luchas de los líderes obreros de antaño, quienes aunque no tenían la preparación académica, ni la malicia o picardía de los líderes actuales, tenían el deseo genuino de luchar por los verdaderos y únicos intereses de los obreros. Tenían una habilidad innata para agrupar a todos los grupos representados y hacían de las luchas una sola, a favor de todos. La diferencia en la actualidad, es precisamente esa falta de unidad entre todos los sectores de la población y eso lo aprovechan muy bien los partidos políticos.

Los partidos políticos invierten millones de dólares en publicidad engañosa, en la prensa, radial, escrita y televisiva, solo para tratar de influenciar en el sentir y en el pensar de la ciudadanía. Mediante esta forma de propaganda engañosa mantienen al pueblo dividido, sin fortaleza para combatir al verdadero enemigo. A quien piensa que este tipo de propaganda política a quien más fácil engaña es a los menos educados, se equivoca, la realidad demuestra que los más educados son más susceptibles al engaño, se aferran más al fanatismo político. Si tomamos como bueno, el ejemplo de las uniones obreras, las cuales se unían en busca de lo que más convenía a todos sus componentes, si el resultado de las gestiones rindió frutos, unamos al pueblo encaminados hacia un mismo propósito.

Durante todo el año estamos en conocimiento de la forma indignante en que muchos en el gobierno, empleados de los partidos políticos y pagos con dinero del pueblo, ostentan sueldos fabulosos, mensajeros, fotógrafos, relacionistas públicos, choferes y secretarias con sueldos de muchos miles de dólares americanos mensuales y sin una preparación académica, ni conocimientos que lo justifiquen. Mirando más allá, quizás la posible causa de esos sueldos injustificados, estén basados en un patrón de encubrimiento del mal manejo de fondos públicos por otros en las esferas de poder político. También es posible que parte de esos sueldos se utilicen para donaciones fijas mensuales a campañas políticas. Hay muchas cosas de las que la gente tiene conocimiento, pero no la forma de probarlo. La corrupción en el gobierno, más que alarmante en términos de cantidades, se ha institucionalizado de manera tal que ya suena común y normal para el resto de la población. De que los sueldos altos e injustificados existen es real, las razones son las que están por conocerse. Como hemos visto, por generaciones y con muchos cambios de gobierno, las falsas promesas de cambios, todo sigue a favor de los pocos que viven bien con lo poco de los muchos, quienes cada día tienes menos, la solución está en eliminar a todos los actuales regentes del gobierno.

Hay quienes piensan que corrupción en el gobierno es sinónimo de partidos políticos. Quienes lo piensan y no estoy afirmando que sea del todo cierto, creen que la corrupción en el gobierno comenzó con la necesidad de los partidos políticos de grandes cantidades de dinero para subvencionar sus campañas políticas. Esto se convirtió en uso y costumbre y cuando se dieron cuenta de que estaban en control del dinero del pueblo y podían disponer de parte de estos dineros sin mucha preocupación de ser detectado, lo institucionalizaron. Cuando hay mucho dinero que se ha obtenido sin mucho esfuerzo, se gasta sin ninguna preocupación. Con dinero se facilita la compra de conciencias, hay quienes dicen que hasta la de algunos que imparten la justicia. Si a esto añadimos, el fanatismo político de la mayoría de la población, fanatismo que embrutece, más cómodo el campo de acción de los corruptos en el gobierno.

Cuando el fanatismo político lleva al ciudadano común a una enajenación mental, a un dejar de pensar y analizar, a un embrutecimiento tal que hacemos de nuestra propia familia nuestros enemigos. Se vuelven padres contra hijos, hermanos contra hermanos, esposo contra esposa, en fin un desbarajuste total, que a quienes único pone a gozar es a los políticos. Esto es un delito grave, llamado deshumanizar a la sociedad, produce el caos emocional y el descontrol mental, que vemos a diario, con el aumento descontrolado de todo tipo de delitos.

La clave para combatir la criminalidad no está en el aumento, de las fuerzas de ley y orden en control, de quienes más daño le hace a la sociedad. Fuerzas que bajo el control del poder político dejan de ser de ley y orden para convertirse en fuerzas represivas, en contra de la ciudadanía honesta. Hasta ahora las estrategias contra el crimen no han sido efectivas por qué no atacamos el problema en su raíz. Eliminar lo que tanta inestabilidad mental y emocional causa a la población debe ser el comienzo de la solución al problema de la criminalidad. No podemos seguir permitiendo a los partidos políticos el control cotidiano de la sociedad puertorriqueña. Esa agresión verbal continúa de los políticos en contra de políticos y gente de distinta afiliación a la suya y que tanta fanaticada atrae, es una muestra inequívoca del daño que nos hacen los partidos políticos.

Cuando único los políticos son consistentes con la verdad es cuando atacan al adversario político, para minar su credibilidad y empañar su reputación. Esto con la consecuencia lógica que lo malo que señala en el contrario político, es lo que comúnmente hacen todos los políticos. Cuando atacan al adversario político, es cuando único los políticos describen lo que son, por eso es importante prestar atención racional a los ataques de políticos contra políticos. Por sus actos los conocemos, pero cuando lo permitimos nos convertimos en cómplices. Esa es la razón del dicho "tenemos lo que nos merecemos" pues todo el tiempo le hacemos el juego a los políticos.

Mientras no eliminemos a los partidos políticos y todo lo que ellos representan, frustrantes serán los intentos de quienes quieran lograr la estabilidad, física, mental y emocional de nuestro pueblo. Mejorar los aspectos de salud, educación y seguridad no serán posibles mientras los partidos políticos sigan haciendo uso inadecuado de los dineros destinados para esos propósitos.

Cuando verdaderamente el control del gobierno esté en manos del pueblo, como debe ser en una verdadera democracia, estaremos iniciando la reconstrucción de nuestras vidas como pueblo, la igualdad entre todos, que garantiza una mejor distribución de las riquezas. Igualdad de oportunidad a una educación de calidad, derecho a los mismos servicios de salud, igualdad en la aplicación de la justicia.

El derecho a una vida llena de oportunidades, como las que hasta ahora disfrutan los privilegiados de este país. Que los privilegios sean por igual para todos los ciudadanos. Esa es una DEMOCRACIA de hechos y no de dichos como la que tenemos en la actualidad. Digámosle adiós a la democracia que actualmente vivimos y comencemos una democracia de hechos y con los mismos derechos para todos. Una democracia en donde verdaderamente el pueblo sea soberano, dejemos a un lado nuestra dejadez y el seguir permitiendo que otros tomen control de nuestros asuntos. No podemos seguir delegando, es el pueblo el verdadero responsable de todos los abusos que por tanto tiempo han cometido los partidos políticos y sus emisarios los políticos de oficio, es de oficio, quien no ofrece servicios de calidad.

Es un verdadero escándalo, ver como los políticos han llevado al pueblo a un nivel tan alto de embrutecimiento, con la facilidad que logran enajenarlo de la realidad en que viven. Con la facilidad que manipulan toda la situación real de la debacle de nuestra sociedad. Como logran hacer creer a la gente como cierto, situaciones que ocurrieron de forma diferente. Por qué el pueblo es tan consistente en creer lo que dicen los políticos a sabiendas de que no es cierto. Por qué el pueblo esta tan renuente a aceptar que está siendo engañado consistentemente por los políticos, todos saben que a los políticos no se les puede creer, pero continuamos votando por ellos. Es algo verdaderamente perturbador ver la forma que los políticos han mantenido al pueblo bajo su control durante siglos y sin que el pueblo se revele. Si no salimos en busca de verdaderos líderes que nos saquen del camino al abismo a donde nos están llevando los partidos políticos, será tarde para empezar, tortuosa la ruta hasta la cima alcanzar. Estamos limitando nuestras posibilidades, de una convivencia pacífica dentro de nuestra propia sociedad. No podemos seguir siendo fanáticos de quien más grita, ni del más agresivo y mal hablado. Quienes no fomentan la tolerancia, ni el respeto al prójimo, quien no se ha preocupado nunca por el bienestar del pueblo no tiene la capacidad para sacarnos de la crisis. Si estamos en crisis por su culpa, por qué seguirlos tolerando, aceptando y manteniéndoles una vida de abundancia económica. Salgamos ya de los dichosos políticos, que ni uno solo revalide, esa debe ser la encomienda.

CAPÍTULO 15

IMPOSIBLE OLVIDAR LAS CRUELDADES QUE NOS ENSEÑA LA HISTORIA

Pueblos que están tan acostumbrados o los han oprimido por tantos siglos, no han podido dejar de sentirse inferiores.

Los hechos históricos o la historia como ocurre es una verdad absoluta. La historia cuando se escribe no es del todo cierta y deja de ser una verdad absoluta, esta depende en gran medida de la percepción de quien la escribe. Conocemos la historia escrita de muchos, tiranos, dictadores, genocidas, toda clase de criminales, que como líderes han dirigido las naciones del mundo. Hablemos de quienes en nuestra América fueron ejemplos que no debemos olvidar nunca. Que el ejemplo sea para no permitir que personas de esa calaña vuelvan como líderes de nación alguna. El daño a las naciones que dirigieron fue de tal envergadura, que no se puede olvidar. Recordemos la maldad de quienes ya murieron y luchemos contra quienes hoy nos oprimen como pueblo.

Alfredo Stroessner Matiauda dictador paraguayo, gobernó a su país con mano dura desde el 1954 al 1989. Francisco Duvalier Abraham, 1957 al 1971, dictador haitiano creador de los famosos tuntún macute que tanta represión causaron en el pueblo. Robo cientos de millones de dólares destinados a ayudar a su hambriento país. Haití el primer país libre de América y donde hoy existe la mayor marginación, más del noventa por ciento del país trata de subsistir bajo las mayores limitaciones que ser humano pueda resistir. Para colmo de males su hijo, Jean Claude Duvalier lo sucedió en el poder, para continuar con los mismos abusos contra la población hambrienta.

Anastasio (Tacho) Somoza García 1937 al 1947 y desde 1950 al 1956, dictador nicaragüense y quien cedió su dictadura a sus hijos, Luis Anastasio Somoza Debayle, 1956 al 1963 y Anastasio (tachito) Somoza Debayle, 1967 al 1972. Mantuvieron control absoluto sobre el país centroamericano durante décadas. Mientras la familia Somoza hacia derroche de dinero, el país vivía en la pobreza con una limitadísima posibilidad de desarrollo.

Fulgencio Batista y Zaldívar, 1933 al 1944 y desde el 1952 al 1959, ejerció una de las más escandalosas dictaduras en toda la América conocida. Desde cuba se llevaba a cabo el mayor tráfico y venta de drogas ilícitas, existían los más escandalosos burdeles, casinos y todo tipo de juego era la orden del día. Había un control absoluto de la Cosa nostra.

Todo un control de la mafia y el pueblo con sus derechos limitados. El pueblo de Cuba se rebeló y puso sus esperanzas y su futuro en el líder que les propuso sacarlos de la dictadura abusadora y escandalosa de Fulgencio Batista y Zaldívar, Fidel Castro, actual dictador cubano.

Rafael Leónidas Trujillo Molina, mantuvo por treinta años una de las más sanguinarias dictaduras jamás vista en América. Desde el 1930 hasta el 1960 masacro no solo al pueblo dominicano sino también a gran parte de la población haitiana colindante con la frontera dominicana, como quedó demostrado con la masacre de Parsley en octubre del 1937, donde fue exterminada toda una población de haitianos que vivía en la frontera entre Haití y Santo Domingo.

Hubo otro gran dictador nacido del militarismo de una gran nación de sur América Chile, Augusto Pinochet, de quien aún no conocemos la totalidad de sus grandes abusos, genocidio, corrupción, nepotismo y despotismo una gran lacra para la actual sociedad.

Otra gran nación que aunque no es del área de América y que fue su líder, uno de los más grandes corruptos de la historia, Ferdinand Emmanuel Marcos Edralin. Su gobierno ha sido uno donde más despotismo y nepotismo ha existido. El enriquecimiento desmedido fue de tal magnitud, que resulto increíble, para quienes lo eligieron como líder pensando que era un héroe nacional. O mejor dicho le hicieron creer al pueblo de sus extraordinarios cualidades de líder. Lo que le permitió gobernar a las filipinas y lograr uno de los engrandecimientos económicos más escandalosos de la historia.

Cuando incluyo a Ferdinand Emmanuel Marcos Edralin junto con los grandes dictadores de América, lo hago por qué ese abusador del pueblo filipino tiene en común con estos, el haber recibido durante sus dictaduras, el respaldo de una de las potencias económicas más grandes del mundo. Fue el inicio de la sublevación de los pueblos marginados y oprimidos de estas naciones, lo que le permitió a esta potencia mundial un intento por aliarse con los nuevos líderes de esos pueblos abusados. Hoy estas naciones que se rebelaron contra las injusticias de quienes las gobernaron con mano férrea, continúan con los mismos problemas que le han aquejado por siglos. Los nuevos líderes cedieron ante los grandes intereses económicos y el poder político. El problema en los tiempos de los DICTADORES no se erradicó completamente. No era solamente el dictador, eran también sus secuaces y un pueblo que se mantuviera en control del gobierno. No era delegando en los lobos vestidos de oveja que quedaron con la salida del dictador.

La historia es la mejor escuela para no cometer los mismos errores del pasado. Hago mención continua de la historia, por ser esta la mejor fuente de información de las atrocidades cometidas en el pasado y una verdad innegable. Los dictadores del pasado y los actuales gobernantes son producto de la maquinaria política, cuyos principales objetivos están en sus intereses políticos y personales. El pueblo siempre ha estado relegado a un segundo plano, razón por las cuales no mejoran sus condiciones de vida.

El revelarse contra los abusos de estos dictadores, gobernantes o líderes corruptos de estas naciones fue de inicio un verdadero acierto y tuvo visos de convertir a los que lideraron estos movimientos en grandes héroes o patriotas. Pero, cometieron un gran error, no se mantuvieron como un pueblo unidos en un mismo propósito, sino que volvieron a delegar su responsabilidad. Nuevos partidos políticos con políticos con las mismas malas intenciones, pero más diplomáticos y mejor capacitados para no ser detectados en sus abusos contra el pueblo y con mejores conocimientos para mantener engañada a toda la población. Población que al parecer adora o por costumbre prefiere vivir en la marginación. Pueblos que no saben vivir de otra forma, están tan acostumbrados, o los han oprimido por tantos siglos que no han podido dejar de sentirse inferiores.

CAPÍTULO 16

DE LA DIVERSIDAD DE OPINIONES, DEL
DIALOGO RESPETUOSO Y LA DIGNA
CONFRONTACIÓN DE IDEAS, SURGE EL
CONSENSO DEMOCRÁTICO, SE FORJA LA
VOLUNTAD MAYORITARIA QUE ORIENTA Y
DIRIGE LA VIDA DEL PUEBLO.

ROBERTO SÁNCHEZ VILELLA

Anteriormente mencionamos el hecho de que los políticos, siempre buscan soluciones simples a los grandes problemas, es como querer salir del paso sin mucho esfuerzo. Son como el avestruz que solucionan las situaciones difíciles o lo que no pueden resolver metiendo la cabeza dentro de un hueco para no saber lo que está ocurriendo enfrente de él. Problema que no vez, problema que aunque esta, para el político no existe, no hay nada que resolver.

El tiempo y las malas experiencias, deben servirles a los políticos para mejorar la situación de la población, de los males que le aquejan, la mala situación económica, los males de salud, de educación, de convivencia o males sociales. Podemos decir que estamos hoy mejor que veinte o treinta años atrás. Han cumplido los políticos en quienes delegamos la responsabilidad de dirigir nuestro destino hacia la búsqueda de una mejor calidad de vida para todos. ¿Eso, lo estamos viendo o disfrutando en la actualidad? ¡No!

Entonces, ¿por qué seguimos con el fanatismo político?, porque seguir insistiendo en que nos sigan gobernando, si no han logrado resolver los problemas que nos agobian. Por el contrario, vemos como estos políticos continúan viviendo en la abundancia en tiempos de crisis para el resto de la población. Por qué seguir glorificando y llamando honorables a quienes nos han hundido en el abismo de la necesidad mientras ellos nos miran desde la cima orgullosos de sus logros personales. ¿Quiénes y que somos para estos líderes que tanto veneramos y a quien tanto beneficiamos con nuestras malas ejecutorias?

La razón por la cual los políticos, quienes se han autoimpuesto la dirección de nuestro país, no resuelven nuestra deplorable situación como pueblo, es la falta de iniciativa y las malas decisiones que solo afectan al pueblo. Sus soluciones no son cónsonas con la realidad que vive el pueblo. Las soluciones de los políticos son como las de aquel constructor de viviendas, que comienza la construcción por el techo. Lo que necesitamos para comenzar a solucionar la deprimente situación por la que estamos pasando, es la construcción de una sólida zapata una simiente firme, que no ceda ante los embates de nada. Luego subir columnas y paredes antes de llegar al techo, como ejemplo de la solución definitiva a los males que nos aquejan.

La zapata viene a ser como la eliminación de los partidos, que no quede el más leve vestigio de su existencia. Que el pueblo en total control de su destino, sean las fuertes columnas que cimentarán un sólido futuro para todos y no para unos pocos. Las paredes significan la consistencia en las determinaciones a tomarse. El techo es la conclusión de todo el esfuerzo de un pueblo unido, en busca del bienestar común y una mejor calidad de vida para todos. Significa el fin de la marginación y la opresión, una vida sin prejuicios, donde la igualdad de oportunidades sea el logro final.

Quizás existan personas con mejores ideas que las que les voy a presentar y es esa la idea principal, despertar el espíritu de lucha de cada ciudadano de esta dichosa isla, que está en desgracia bajo el liderato de los partidos políticos. Que despierten de ese letargo en el que han estado por siglos. Gente valiente y dispuesta a luchar por el bienestar de todos, luchar contra todo aquello que obstaculiza nuestro pleno desarrollo como nación. Que todo un pueblo con conciencia y en pleno dominio de sus facultades y sin las limitaciones que produce el fanatismo político, me acompañe en la búsqueda de un nuevo comienzo, donde todos podamos disfrutar de una vida plena. Una vida sin las limitaciones a las que nos han sometido por tanto tiempo, es tiempo de unirnos y luchar contra quienes socaban nuestra dignidad como pueblo.

Todo debe comenzar con la certeza de que todos vamos a caminar en una misma dirección, la del bien común y la igualdad para todos. Un pueblo con unión de pensamiento y propósito. Un pueblo valiente y dispuesto a vencer todos los obstáculos que nos presente este nuevo reto. Dejando a un lado los viejos ideales y enfrentar con valentía las realidades de la vida.

El comienzo de lo que será nuestro proyecto de pueblo es la búsqueda e identificación de verdaderos líderes, que se comprometan a seguir todas las propuestas del pueblo. Que el pueblo como soberano someterá todas las propuestas a seguir en este gran proyecto. La organización del pueblo y su propuesta de eliminación de los partidos políticos será la zapata, la base firme e incorruptible sobre la que construiremos nuestro proyecto de pueblo. Los errores del pasado nos enseñaron que no podemos delegar nuestra responsabilidad de pueblo. Nos enseñaron que la nueva estructura que se construya no puede haber ni uno solo de los políticos, de cualquier partido existente.

La división del país en doce distritos representativos, con una cantidad significativa de delegados por pueblo, que se constituirán en asamblea permanente. Que esos delegados por pueblo, sean genuinos portavoces del sentir de cada ciudadano. La cantidad de delegados por pueblo puede ser determinada posteriormente, pero condicionada a una cantidad similar por pueblo. La determinación de la misma cantidad por pueblo está fundamentada en la equidad, todos los pueblos en igualdad de condiciones en la toma de decisiones. Sin la ventaja que pudiera ofrecer un pueblo con una mayor población. Que de las propuestas del pueblo surjan los candidatos a los puestos electivos. Que las campañas publicitarias para dar a conocer los aspirantes a puestos electivos sean pagadas por el pueblo que los propone como candidatos y no por los grandes intereses económicos. Bonita manera de empezar a eliminar la corrupción. Todos conocemos que la corrupción en el gobierno comienza, cuando los grandes intereses económicos que subvencionan las campañas de los partidos políticos, comienzan a pasar factura a los funcionarios electos. Estos funcionarios electos y hablo de los que son corruptos, quien no lo sea que no reaccione a lo escrito, no pagan los favores políticos con su dinero, sino que lo hacen con el dinero del pueblo. Como ese dinero no es suyo no les importa pagar la cantidad que sea.

Las campañas publicitarias deben realizarse en un periodo estipulado no mayor de seis meses antes de una elección o consulta al pueblo. No vamos a estar distrayéndonos en cuestiones fútiles, como serian campañas publicitarias de candidatos a posiciones públicas, durante todo el periodo entre cada elección. Cuando el pueblo está bien organizado y participa de forma masiva en todos los asuntos de estado, conoce mejor a los candidatos a puestos públicos. Esto garantiza una mejor selección de candidatos y facilita la exposición en las campañas publicitaria, disminuyendo a su vez la cantidad de dinero a ser utilizada para cada candidato. Cuando contamos con un pueblo participativo, cuidando por el bien de todos, es más difícil pasar gato por liebre en las elecciones.

De los doce distritos representativos van a surgir cuatro representantes legislativos por cada distrito, lo cual daría un total de 48 representantes legislativos en una sola cámara. Un país de poco más de cuatro millones de habitantes y harto de leyes que ni se conocen ni se aplican, no necesitamos más legislación de la que tenemos. No es necesario el mucho dinero que se gasta o mal invierte en una legislatura que le ofrece un deficiente servicio a la ciudadanía. Con una cantidad significativamente menor y ejerciendo sus funciones como legisladores ciudadanos y no a tiempo completo, tendremos más eficiencia y menos corrupción. Dejaran de existir las posiciones para político derrotados y familiares de políticos, hablo de posiciones y no de plazas de trabajo, porque la mayoría no realizan función de trabajo alguno. Tampoco habrá sueldos fabulosos, ni gastos alegres y extraordinarios. Dejaran de existir los deshonestos honorables.

Cuando hablamos de igual cantidad de representantes por pueblo, sin importar su tamaño, hablamos de que en cada pueblo tengamos representación de cada sector, barrio, urbanización, residencial, porque cuando están representados todos los sectores de la población, nos da la igualdad que elimina la marginación. Cuando todos participamos en igualdad de condiciones, contamos con las mismas oportunidades de desarrollo, lo cual ayudara a reducir la brecha entre ricos y pobres.

Con un pueblo, a quien la experiencia enseñó a no delegar y a asumir responsabilidad para el logro de un mejor futuro, las posibilidades de salir de la crisis son reales. Esto nos da más oportunidades de escoger las mejores personas, las personas que mejor nos pueden servir. La oportunidad de encontrar verdaderos servidores públicos. Cuando el pueblo empiece a ver los resultados positivos de sus gestiones, aumentara su motivación, crecerá el entusiasmo y ya no habrá vuelta atrás. Las mejoras, a todos los niveles serán constantes y continuara una participación cada vez mayor del pueblo en los asuntos del gobierno. Entonces si podemos decir que el pueblo es soberano y comenzaremos a disfrutar de una verdadera democracia.

Para cada posición en el gobierno, para cada jefe de agencia ya no existirá el compromiso con los partidos políticos, su nuevo compromiso será con el pueblo. Tendremos un mejor control en el gasto de los dineros del pueblo, pues nacerá en cada servidor público, el sentido de pertenencia que les hará cuidar con esmero lo que sienten que es suyo. Tampoco existirá compromiso con los grandes intereses económicos quienes compartían honores con los partidos políticos.

Aun conociendo del pasado, todo el despilfarro de dinero, en agencia como educación, salud, carreteras, turismo, la autoridad de puertos, energía eléctrica, acueductos y alcantarillado y otras agencias, no es posible que no entendamos la magnitud del daño al pueblo. Miles de millones de dólares para servicios al pueblo necesitado, desviado por empleados del gobierno para su lucro personal y el de políticos y partidos políticos. Dinero que pudo mejorar la calidad de vida de la población más necesitada y que pudo haber servido para evitar la crisis en la que nos encontramos hoy en día, crisis que será bien difícil de superar.

Toda esta situación que ocurre en nuestro país, se repite en todas las naciones del mundo en mayor o menor grado. Esto ante la globalización, está ocasionando por el concepto del efecto dominó, una crisis a nivel mundial, la hambruna general está a la vuelta de la esquina. Tendremos dinero para comprar, pero no la disponibilidad de los artículos de primera necesidad ni los alimentos para comprarlos. Por eso la importancia de que el pueblo tome el control en cada nación del mundo.

¡Sí!, podemos gobernar sin los partidos políticos, para comenzar necesitamos el compromiso de las personas que vamos a elegir para dirigir el gobierno, tanto el ejecutivo como el legislativo, el compromiso de acatar el mandato del pueblo. Inicialmente mediante el voto eliminar a todos los políticos, con ellos se van los partidos políticos. No hay otra forma de empezar a resolver los problemas que nadie mejor que el pueblo conoce. Hasta en el más recóndito lugar de este dichoso país hay gente con la capacidad suficiente para encontrarle solución a los graves problemas que enfrentamos como nación Cuando logremos nuestro propósito de encontrar a quienes responsablemente quieran enderezar al país del entuerto en que lo metieron nuestros políticos, estaremos empezando a gobernar sin los partidos políticos.

Lograr que el pueblo reconozca el engaño en el que ha estado sumido, creyendo en un sistema de gobierno llamado democracia, que no es real, es fundamental. Los partidos políticos han demostrado que no son la solución, no sigamos afiliados a ellos. El concepto democracia, tomara vigencia cuando el pueblo tome control del gobierno. El pueblo sabe, que el problema es, los partidos políticos gobernando al país. Que la forma de solucionarlo es eliminándolos y por qué no lo hacen, esta es la verdad.

Los partidos políticos cuentan con la ayuda de las agencias publicitarias, a quienes pagan muy bien, en parte con el dinero del pueblo, en parte con las donaciones que hacen a los partidos políticos las diferentes empresas y las donaciones de individuos, llamados fanáticos de los partidos políticos o de políticos en particular. El dinero del pueblo lo gastan inmisericordemente pues no es de ellos. El dinero que dan en donaciones las empresas, se les revierte en grande con los jugosos contratos que reciben del gobierno, esos dineros también son del pueblo. Muchas de las donaciones de individuos se hacen con la intención de conseguir un trabajito de unos cuantos miles al mes sin esforzarse mucho, el pago de esos trabajitos, que producen poco o nada, también salen del dinero del pueblo.

En fin el dinero que los partidos políticos pagan a las agencias de publicidad para mantener al pueblo engañado y dividido, es del pueblo. Es lamentable ver como las agencias de publicidad con premeditación realizan anuncios engañosos, que en nada ayudan a orientar al pueblo para tomar la mejor decisión a la hora de emitir su voto. Triste ver como estos publicistas claudican principios y valores por la obtención de beneficios económicos. O es que hacer anuncios honestos produce muy poco económicamente y no satisface los intereses de quienes pagan la publicidad. A corto plazo esa complicidad de las agencias publicitarias produce frutos económicos, para las agencias y los políticos sin escrúpulos que pagan por la visión distorsionada de la verdad. Si tomamos en una muestra una cantidad determinada de anuncios políticos, vemos que no hay uno solo de ellos en el cual la verdad no esté distorsionada o que no se falte a la verdad.

Ser honesto no es fácil para aquellas personas con amor desmedido al dinero. Ser honesto requiere una gran fuerza de voluntad, entereza de carácter, integridad, caridad y un desinteresado amor al servicio. Esas cualidades están vedadas a una minoría de la población, una pequeña parte de la población que vive disfrutando de su poder y oprimiendo a los más necesitados y una mayoría silente que vive conforme y aceptando ser inferiores. Una mayoría que se deja llevar como manso cordero al matadero en una total sumisión. Los políticos de oficio con la ayuda de las agencias de publicidad, que a través de los medios de información engañan al pueblo han logrado dos cosas. Que la mayoría de la población se sienta necesitada e inferior, lo que los lleva a aceptar mansamente la marginación. Segundo, la desinformación a través de los medios ha sido de tal magnitud y tan mal intencionada que ha provocado una desunión tal en la familia puertorriqueña, un fanatismo extremo por los partidos políticos, que provoca enemistad entre miembros de una misma familia Eso es producto del trabajo de agencias publicitarias a favor de políticos, eso es ser deshonesto.

Si las agencias de publicidad, hicieran un trabajo digno y honesto y no vendiéndose al mejor postor, como son los partidos políticos quienes pagan muy bien por los servicios, el pueblo hubiese tomado decisiones distintas y más acertadas y no estaríamos hoy pagando las consecuencias de esas malas decisiones. Malas decisiones inducidas por el trabajo sucio de algunas agencias de publicidad. El concepto de trabajo sucio suena quizás bastante fuerte para muchos, pero en realidad cuando se manipula la información para influenciar el sentir del pueblo, no encontramos otro calificativo más adecuado.

Cuando el pueblo decida descalificar a los partidos políticos como nuestros líderes, juntos con ellos se van, esas aliadas agencias de publicidad que bastante se han lucrado con el dinero del pueblo a través de los políticos. Cuando el pueblo como soberano decida resolver sus propios asuntos, no continuaran los altos gastos en publicidad para dar a conocer y crear una buena imagen de un político. Los aspirantes a posiciones públicas serán escogidos por el pueblo y la publicidad no será para realzar imágenes, será para dar a conocer las propuestas de cada candidato. El pueblo se encargara de pagar para dar a conocer las propuestas del candidato de su predilección. De un comienzo disminuirán considerablemente las propuestas de los corruptos empresarios que hacen propuestas o aceptan propuestas de los corruptos políticos. Esto equivale a una merma significativa de actos de corrupción. La corrupción que conocemos en el gobierno, es un tanto por ciento más pequeñas, de la que realmente ocurre. La cantidad que se descubre es ínfima y de la que se descubre y va ante la justicia escasa, sobre los que se logra convicción en corte, insignificante.

Hablando de orientación al pueblo, tenemos un factor que debió ser bien importante en combatir todos los males que al pueblo le causa la política partidista. Se le llama el cuarto poder y su función principal debe ser la de mantener a la ciudadanía bien informada de todo el desmadre ocasionado por quienes gobiernan nuestro país. La prensa está bien afectada por la mala influencia de la política partidista. La prensa es quien con más herramientas cuenta para desenmascarar todos los manejos turbios dentro del gobierno. Pero lamentablemente muchos están contaminados con la plaga política, el fanatismo y el beneficio económico. En este cambio de escenario propiciado por un pueblo unido, en busca de soluciones reales a los grandes problemas que nos aquejan, es bien necesario el respaldo de una prensa libre de toda atadura política. Una prensa que destaque los eventos nobles que fortifican a una sociedad cambiante y progresista, una sociedad donde prevalezca la igualdad entre todos.

En ningún grupo dentro de una sociedad en busca de los verdaderos valores que nos unan, se debe permitir los malos ejemplos que denigran ni las malas influencias que destruyen. Periodistas, defiendan su clase, identifiquen y rechacen a quienes dañan su credibilidad e integridad.

Necesitamos periodistas responsables y comprometidos con el bienestar del pueblo. Periodistas que tomen la iniciativa y sean parte de este nuevo movimiento a favor de todo un pueblo, que hoy está en desgracia. Muchos de los actuales, buscan la noticia como producto comercial, que los mantenga al tope de los de más audiencia y piensan que lo que más le gusta al pueblo es lo que resalta la violencia y la política partidista. Cuando el periodista comercializa la información le hace un flaco servicio a la verdad y a su propósito de mantener bien informado al pueblo. El periodismo actual, no resalta los verdaderos valores, valores que puedan ayudar a mejor la calidad de vida de nuestros ciudadanos. Los periodistas actuales, continuamente les están haciendo publicidad gratuita a los dichosos políticos. No estaría seguro de tal aseveración, la de la publicidad gratuita, conociendo como disponen inmisericordemente los políticos de los dineros del pueblo y de las promesas de posiciones públicas con jugosos sueldos. Hoy en día tenemos cientos de oficiales de presan en el gobierno pagos por el pueblo y para beneficio de políticos. Cientos de oficinas de prensa con un enorme gasto de dinero y sin ningún beneficio para el pueblo.

Los periodistas disponen de la mejor herramienta, para ayudar al pueblo a tomar las mejores decisiones y a unirse, haciendo toda la fuerza en una misma dirección, la del beneficio para todos. Ese medio de comunicación masiva con la que cuentan los periodistas y que llega a los más remotos rincones de nuestro país, debe servir para orientar al pueblo sobre los verdaderos valores dentro de una sociedad. Orientación que nos lleve a encontrar verdaderas soluciones a nuestros problemas. No podemos seguir informando a conveniencia nuestra como periodistas, sino la verdad que oriente bien a la ciudadanía. Debe estar en los periodistas responsables de este país tomar la iniciativa y encaminar a nuestro pueblo en la búsqueda de las verdaderas soluciones, comenzando con la eliminación de los partidos políticos. Periodista responsable es aquel que antepone sus intereses personales, por los intereses del país y créanme que en este bendito país los hay.

Nuestro pueblo, es uno inteligente, de muchos talentos, que no necesita de actos violentos para lograr su propósito de librarse de la maldad de los partidos políticos. Todo lo que se necesita es poner en práctica, la verdadera y real democracia. No la democracia de conveniencia a las que nos acostumbraron los políticos de oficio. Es reconocer que la dignidad del ser humano es inviolable y ese principio debe ser la base, para levantarnos sin violencia, pero con insistencia, en busca de lo verdaderamente bueno que nos una como pueblo. Basta ya de la estúpida sumisión, del enñangotamiento. Levantemos rodillas reclamemos, nuestro derecho al pleno desarrollo como pueblo y el bienestar para todos. No le vamos a seguir permitiendo a estos probados abusadores, vivir como reyes a costillas de un pueblo al que han llevado a la miseria. No más engaños ni trucos, lo único que funciona bien es lo que bien se hace. Vamos a eliminar de entre los componentes de nuestra sociedad, a los llamados políticos, ese debe ser nuestro principal objetivo. No podemos seguir permitiendo que los políticos sigan viviendo del pueblo.

CAPÍTULO 17

LA GOTA DE AGUA NO ROMPE LA PIEDRA POR SU FUERZA, SI NO POR SU CONSISTENCIA

Conociendo de los políticos y de sus engaños al pueblo, no hay un ejemplo más claro que el del dichoso dilema del estatus. Tomemos la discusión del estatus por los pasados cincuenta años, que hemos logrado que valga la pena en todo ese tiempo, cuánto tiempo invertido vanamente, cuántos recursos del pueblo, cuantos millones de dólares en beneficio a políticos y cabilderos, de todo ese mentiroso proceso cuanto se ha beneficiado el pueblo, reconozcamos la realidad de que en nada nos hemos beneficiado. El estatus en una falsa creada por políticos en y fuera de nuestra isla, que nos mantiene en el limbo y sigue siendo una fuente de beneficio político y económico para ellos. La razón por la cual esa falsa ha estado durante tanto tiempo ocupando nuestro tiempo y siendo una distracción contra nuestros verdaderos problemas, ha sido nuestro empeño en creer que los norteamericanos tienen la solución a todos nuestros problemas. Lo cierto es que ni a los políticos norteamericanos ni a los políticos de oficio en nuestro país les interesa la solución al estatus.

Al día de hoy en el congreso de los Estados Unidos tenemos personas que aseguran que ellos pueden disponer de nuestro destino como pueblo de la forma que ellos les plazca, piensan que si quisieran, podrían vendernos como botín de guerra. La realidad es que el control de todos los asuntos que afectan nuestro cotidiano vivir esta en el congreso de los Estados Unidos, por disposición nuestra como ciudadanos de esta isla llamada Puerto Rico. A los políticos en los Estados Unidos, no les conviene concedernos la independencia, puesto que nuestros brillantes políticos han mantenido al pueblo asustado con el cuco de la dependencia. De que si no nos mantenemos bajo el ala protectora de la gloriosa nación norteamericana, nos come la miseria. Ante ese escenario y siendo los puertorriqueños ciudadanos norteamericanos, con libertad de movimiento a los Estados Unidos, emigrarían a cualquiera de los cincuenta estados de la nación. Esa emigración masiva provocaría un disloque en la sociedad norteamericana. Los puertorriqueños causarían un problema de salubridad, de seguridad, de educación y tal vez un aumento en la criminalidad. De la criminalidad, puesto que en muchas ocasiones la necesidad y el hambre empujan a la delincuencia, como última o única alternativa.

En el caso de la estadidad, esto representa un dolor de cabeza para las personas en el congreso con autoridad para aceptarnos como el estado cincuenta y uno de la nación norteamericana. Los políticos en Puerto Rico en su afán de conseguir fondos federales, dicen que para ayudar a la gente más necesitada de nuestro país. La verdad, al igual que en muchos países con necesidades apremiantes, las ayudas, no todas llegan a quienes la necesitan, parte va a parar a manos de personas sin escrúpulos que se lucran con las necesidades de otros. Otras ayudas de fondos federales van a parar a las arcas de los partidos políticos y eso es ya historia en nuestro país, como ejemplo los convictos del Instituto del Sida en San Juan. Los fondos federales no cumplen las expectativas para los que fueron designados, porque funcionarios en el gobierno, desvían parte de los fondos para otras actividades, ninguna lícita, pero difícil de detectar. La razón principal de los fondos federales, es ayudar a mejorar la calidad de vida de los menos afortunados, esto no ocurre por la forma en que los funcionarios del gobierno se reparten parte de los fondos. El amor al dinero es la madre de todos los males y que muchos males le han causado a nuestro país. Que peor mal que el caos actual.

Todo lo que han conseguido los políticos en su afán de amarrar votos ha sido. Un país altamente dependiente de ayudas federales, una economía basada en el consumo, que no tiene la más mínima posibilidad de desarrollo. Una alta tasa de desempleo en un país que produce muy poco. Mala educación, un pueblo enfermo mental y físicamente, un alza significativa en la actividad criminal. Una sociedad en descalabro emocional.

Ante el pueblo norteamericano y ante el congreso en su afán de más fondos federales, nos han presentado como un pueblo, altamente dependiente, de baja escolaridad, poco diestro. Un pueblo de mala salud mental y emocional, un país con una alta incidencia criminal. Esto representaría una carga económica y social a los Estados Unidos de anexarnos como el estado cincuenta y uno de la nación norteamericana. Créanme que no hay un solo estado de la nación norteamericana que nos acepte como uno de ellos.

Desde los tiempos de José Celso Barbosa y Luis Muñoz Rivera hasta la actualidad nuestros líderes políticos han hincado rodilla suplicando la anexión. Desde el momento en que se le concedió la ciudadanía americana a los puertorriqueños, ciudadanía a la que se opuso José De Diego, no por su carácter de independentista, si no por ser abogado de los grandes latifundistas y hacendados de descendencia española; los norteamericanos dejaron establecido, lo siguiente. Que la concesión de la ciudadanía americana a los puertorriqueños, no era una garantía, ni siquiera una posibilidad de la anexión. Una realidad que todos los políticos en Puerto Rico conocen, es decir, que para su conveniencia nos tratan de mantener engañados, lo cual es uso y costumbre entre políticos. Los políticos son unos verdaderos artífices del engaño, conociendo que no hay posibilidad de que los Estados Unidos nos acepten como estado, el movimiento anexionista es el de mayor crecimiento en los últimos treinta años. Más sin embargo con todas las malas cualidades con las que nuestros políticos nos han proyectado ante el pueblo norteamericano y ante el congreso, quien en última instancia decidirá si anexarnos o no, las posibilidades del anexionismo son nulas.

De todo lo que se discute en términos de estatus. Lo único real e histórico es lo que acordaron el gobierno de los Estados Unidos y quienes gobernaban a Puerto Rico. Este acuerdo ha estado en discusión con el gobierno norteamericano desde los tiempos de la primera persona que lo propuso, Don Luis Muñoz Rivera. El Estado Libre Asociado de Puerto Rico, el acuerdo entre norteamericanos y puertorriqueños aún vigente y bajo el cual crecieron y se criaron los actuales líderes políticos de nuestro país y que tanto critican. Hipócritas, que tanto se han beneficiado del mismo y hoy tanto lo condenan. A quien más le ha convenido nuestro actual sistema de gobierno es a los Estados Unidos y a los políticos puertorriqueños, que se han mantenido viviendo en la opulencia a costas del bienestar del pueblo.

Hoy cuando miramos hacia otras economías a las que antes aventajábamos, nos damos cuenta de la debacle de nuestra economía, de que nos estamos quedando atrás, que el actual sistema de gobierno tampoco sirve y con seguridad podemos decir que quienes más culpas tienen son los partidos políticos.

Lo primero que tenemos que superar como pueblo, es el fanatismo extremo, que no nos deja razonar, ni llevar una sana convivencia con nuestros iguales en las diferentes comunidades. Ese fanatismo que nos produce un miedo extremo a que cualquier candidato de un partido opositor supere a nuestro líder político. Lo que en realidad necesitamos es eliminar a todos los políticos, de esa manera eliminamos el fanatismo que tanto nos agobia y ese miedo que no nos deja liberarnos. Oímos a todo el mundo decir que la política es mala, pero seguimos alimentando a los políticos, para qué sigan gobernando en contra del pueblo.

La razón por la cual los fanáticos políticos siguen permitiéndoles a los políticos los abusos con las finanzas del pueblo, es ese miedo a que queden fuera para gobernar uno de los nuestros, sin importarnos que tan mala reputación allá adquirido, o con que mala reputación venga a ser parte de un liderato en cualquier componente del gobierno. Basta ya de ese fanatismo enfermizo, que tan bien aprovechan los políticos de oficio en este país. Vemos día a día como proliferan los delincuentes dentro del gobierno por causa nuestra. Si ninguno de los que nos han puesto para escoger, en ninguna de las elecciones hasta ahora han sido de beneficio para el pueblo, por qué continuamos con más de lo mismo. No hay democracia, cuando los candidatos son impuestos por los partidos políticos, bajo engaño promovido por las agencias publicitarias al servicio de los partidos políticos.

Todo comienzo tiene un punto de inicio, el nuestro, pueblo puertorriqueño, es la eliminación de los que nos ha estado haciendo daño por siglos .Los que no nos han permitido un verdadero desarrollo   social y económico. Los que han atentado contra nuestra dignidad como pueblo, los partidos políticos. Cientos de miles de buenos puertorriqueños trabajan para subsistir, los menos sobresalen y viven con lujos y comodidades. El cien por ciento de los políticos de oficio viven en la abundancia. Si hay verdadera disposición de parte de todo el pueblo, eso no va a seguir sucediendo, los vamos a erradicar, ese será el punto de inicio.

Hay un conocido dicho, que tendrá vigencia en nuestra gestión de pueblo, "la unión del rebaño hace que el león se acueste con hambre". Nos vamos a unir, vamos a mirar y caminar todos hacia un mismo objetivo. Ya no habrán políticos que mantengan al pueblo en continuas disputas y desunido. El camino estará despejado para establecer el rumbo que nos llevara a un final feliz. Ya no habrá obstáculos que vencer, solo se necesitara buena disposición, compromiso y lealtad a todos los acuerdos, que en conjunto, como pueblo se acuerden. En lo adelante el pueblo será el único responsable de sus actos y de las consecuencias de los mismos. Será el artífice de su futuro y salvación para las futuras generaciones. Será una puerta que se abrirá al mundo, para ser el ejemplo salvador de naciones bajo la opresión de dictadores y gobiernos absolutistas.

Ya es tiempo de que las naciones del mundo, dejen de mirarse como enemigas, que convengan en acciones que les beneficie y no que causen desolación y destrucción. Los dictadores y los líderes políticos de todas las naciones del mundo son los menos, todos le causan un gran mal a la población en general y no podemos seguir respaldándolos. La única forma de vencerlos, es uniendo a la población oprimida y marginada, que es la mayoría en cada nación del mundo y luchar contra el enemigo común a todas, los líderes políticos. No cerrando fronteras y creando enemigos entre nuestros países vecinos, es eliminando fronteras y haciendo del mundo un solo país, donde empiece a haber cooperación, convivencia y un verdadero deseo de sentirse bien, no se puede seguir permitiendo que estos líderes se sigan beneficiando a costa del dolor y la necesidad del pueblo.

Todos debemos desear un mejor mundo para vivir y convivir. No es mediante el negocio de las guerras donde mueren millones de personas en causas que no tienen justificación, que lograremos mejores condiciones de vida para todos. Es mediante la unión de todos en busca del bien común la única forma de encontrar la llamada felicidad. La destrucción, del mundo está en las manos de los dirigentes políticos de todas las naciones del mundo. En manos de la unión de todos los pueblos del mundo, a favor de la eliminación de todos los dirigentes políticos del mundo, está la salvación de todos. Solo unos pocos en el maldito negocio de las guerras se están beneficiando en grande económicamente y lo estamos permitiendo. La unión de pueblos, es la solución.

Cada país del mundo es gobernado de forma única y específica, más; sin embargo, es común entre todos los gobernantes, los abusos y la marginación en contra de la mayoría de la población. No todos tienen el privilegio de la posibilidad inmediata de revelarse en contra del gobierno y establecer un gobierno verdaderamente democrático. Hasta hoy ningún país del mundo es gobernado de forma democrático. Es el gobierno de unos pocos para beneficio de unos pocos. La verdadera democracia que esperamos empiece a existir, es la del gobierno de todos para todos. El gobierno de la igualdad de oportunidades para todos sus ciudadanos.

En todos los países del mundo hay personas que deben conocer el verdadero concepto de la democracia. Aunque nunca hayan vivido bajo regímenes de gobierno llamados democráticos, muchos deben tener una definición clara del concepto. Los que no la han vivido, conocen de la democracia, el derecho al voto, la libertad de expresión, libertad de culto o religión, libertad de reunión. La democracia garantiza la igualdad de oportunidades para todos los ciudadanos, un gobierno de todos y para todos. Quienes no han vivido bajo esa definición de democracia, la ansían, desearían la oportunidad de vivirla. Los regímenes de gobierno bajo los que viven dificultan grandemente, pero no imposibilitan lograr unir al pueblo contra el gobierno opresor.

Estos gobiernos utilizan la fuerza extrema para reprimir al pueblo, pero la voz de un pueblo unido nunca será callada por más violenta que sea la represión. Quien único pueden tomar decisiones a favor del pueblo, es el pueblo mismo. Hasta hoy las decisiones tomadas por los líderes políticos de las naciones del mundo solo han beneficiado a los pocos en el poder. Hay represiones violentas, otras menos violentas y con mayores posibilidades y menos dificultades, para lograr liberar al pueblo de la opresión gubernamental, institucionalizada bajo visos de legalidad. Llegará el día en que los pueblos del mundo podrán decir, el país es nuestro y nunca más volverá a manos de los líderes políticos.

Estas naciones del mundo, que no han vivido nunca bajo un gobierno democrático. Naciones cuyas protestas en contra de los abusos y las limitaciones a mejores condiciones de vida, son reprimidas con violencia, se ven en la obligación de responder con violencia como modo de defensa. No tienen otra forma de lucha a favor de sus derechos, dejarse oír conlleva defenderse de la violencia con violencia. Los gobiernos autoritarios, no escuchan la voz del pueblo, se imponen, reprimiendo bajo la violencia, lo que implica matanza de seres humanos inocentes, mujeres, niños, ancianos y verdaderos patriotas pagan con sus vidas por el derecho a una mejor calidad de vida para sus conciudadanos.

Los que vivimos en los llamados sistemas democráticos de gobierno, la violencia no esta tan explícita, como en las naciones totalitarias. Utilizan más la treta y el engaño, la manipulación, la inestabilidad emocional, las trivialidades y el lograr mantener a la población dividida con las diferencias político partidista. El famoso fanatismo político que tanto nos daña como pueblo.

En nuestra democracia, el voto nunca ha tenido la fuerza de definir en beneficio del pueblo, tal vez el voto no sea manipulado en el conteo, pero si inducido a error al momento de emitirlo. Esto ocasiona, el que no se produzca un voto de forma democrática. Los gobiernos de turno a su propia conveniencia promulgan leyes que de forma soslayada limitan el derecho a la libre expresión. No existe la separación de iglesia y estado, las religiones están altamente politizadas y son utilizadas como propaganda a favor de los partidos políticos, con la promesa de ayudas económicas y exenciones a favor de entidades religiosas. Esto lo aprovechan algunos grupos religiosos para lucrarse económicamente. En nuestro sistema democrático, no existe la igualdad de oportunidades para todos, el beneficio real es para unos pocos. La mayoría de la población vive bajo una economía de subsistencia, sin las mismas oportunidades educativas, sin recibir los mismos servicios de salud. Sin las mismas garantías de justicia, e igual protección o aplicación de las leyes. Continuamente el estado, violenta los derechos civiles de sus ciudadanos, se violentan derechos humanos y uno de los principios básicos de nuestra constitución, la cual juraron honrar todos los funcionarios de gobierno que dice, "la dignidad del ser humano es inviolable". Pensemos por un momento si en realidad se puede creer en los políticos. Los políticos son tan mentirosos, que ya se creen sus propias mentiras, piensan y creen que son indispensables para el pueblo. Que no importa su comportamiento, el pueblo está siempre dispuesto a reelegirlos, porque les son indispensables. Hasta ahora el pueblo ha sido más que tolerante, pero todo tiene un límite y la tolerancia no está exenta.

Contrario a lo que ha estado sucediendo, el componente principal en una verdadera democracia es el pueblo. Hasta tanto y en cuanto el pueblo no tome control del gobierno no existirá la democracia. En nuestra nación nos enseñaron que la democracia es el mejor sistema de gobierno y el que mejor le sirve al pueblo. Qué estamos esperando para empezar a vivir bajo una verdadera democracia. Una democracia donde todos tengamos derecho a las mismas libertades. Una democracia donde no se le limiten los derechos, ni a uno solo de sus ciudadanos. La igualdad de derechos y de oportunidades, eliminan la marginación, los prejuicios y con ello, el absolutismo gubernamental.

Digámosle adiós a la democracia, a esa falsedad que por tanto tiempo nos han hecho creer como real, cuando siempre ha sido la mayor mentira bajo la cual nos han gobernado los partidos políticos. Nos han mantenido viviendo bajo la ignorancia para su único beneficio. Su concepto de la democracia es su modo de control de la ciudadanía, el concepto real no da espacio para que ningún ciudadano se sienta inferior. El adiós debe ser definitivo para todos los partidos políticos y los funcionarios de gobierno de oficio, los mismos que se benefician de las limitaciones que le producen al pueblo. Adiós a la democracia conocida y la bienvenida a la verdadera democracia, la del pueblo y para el pueblo.

El pueblo en asamblea general y permanente, debe acordar lo siguiente. La eliminación de los partidos políticos, mediante la negación del voto a los incumbentés. Que la igualdad para todos los ciudadanos esté garantizada en este nuevo comienzo. Que dejen de existir las posiciones a perpetuidad en el gobierno y las hereditarias. Que en cada posición de prestación de servicio al pueblo estén las personas más capacitadas, que se acabe el nepotismo y el despotismo y se estimule el amor al servicio.

Que el pueblo que escogió a sus candidatos, que los conoce bien, los de a conocer ante el resto de la población. Que el pueblo que lo escogió como candidato, sea su propia agencia de publicidad, esto elimina la posibilidad de candidatos fabricados, como los creados a su conveniencia por los partidos políticos. No será necesario malgastar el dinero del pueblo en costosas campañas publicitarias. Que las campañas publicitarias se celebren durante los seis meses anteriores al evento eleccionario. Esto evitara el desgate mental en la población a causa del masivo y prolongado anuncio publicitario.

La isla podría ser dividida en doce distritos representativos con un mínimo de representantes por distrito. La decisión final de cómo será la división está en manos del pueblo soberano. La realidad es que cuando se tiene gente bien cualificada y bien intencionada no se necesita una cantidad significativa en relación con la población para legislar. También resulta más cómodo fiscalizar e identificar fallas, acto de malversación de fondos o enriquecimiento ilícito.

Todas las decisiones de cómo gobernar estarán en posesión del pueblo. Es establecer un punto de partida o un inicio a lo que debe ser el cambio definitivo a una nueva manera de gobernar y sin la injerencia de los partidos políticos. Un cambio de tanta importancia, requiere de un verdadero liderato, gente comprometida con el bienestar de todos. Gente con voluntad de servicio, gente integra, tolerante y con la paciencia suficiente para aceptar los retos que se les presente en el camino, para vencer todos los obstáculos y tropiezos que conlleva la resistencia al cambio. El reto que representa vencer lo que ha sido la forma de gobernar por siglos. El cambio es una transición que debe darse paso a paso, iniciando con la eliminación de los partidos políticos. Luego de que eso se consiga, el camino al cambio total será menos difícil.

CAPÍTULO 18

LA SOLUCIÓN NO ESTÁ EN LA CREACIÓN DE NUEVOS PARTIDOS POLÍTICOS, ESTÁ EN LA ELIMINACIÓN DE LOS EXISTENTES

El tiempo nos ha demostrado que las tres ramas del gobierno están altamente politizadas. Tanto la rama ejecutiva, como la legislativa y la judicial, cuidan por sus propios intereses particulares, no han demostrado que el servicio al pueblo este entre sus preferencias. Porqué llamamos honorables a los jefes de agencias del gobierno, quienes no comparten con el pueblo la austeridad a la que lo tienen sometido, manteniendo sueldos y beneficios altamente jugosos. Por qué se llaman unos sacrificados del servicio público, si en realidad no son servidores públicos.

Los legisladores, porque los llaman honorables, si tampoco comparten con el pueblo, esa austeridad. Si la labor o trabajo que realizan rinde muy por debajo de lo que le cuestan al pueblo. Llamarse servidor público, es un descaro por parte de los legisladores, Quienes viven a todo lujo a costillas del pueblo necesitado, a esos legisladores los vamos a seguir llamando honorables.

El sistema judicial tiene sus altas y sus bajas, tiene verdaderos buenos servidores, que honran la toga y el sistema de justicia y tienen otros que son un verdadero desastre, un fiasco para la judicatura, como no todos merecen que se les llame honorables es mejor quitarle la honorabilidad a todos. Merecen que se les llame honorables, los jueces del supremo, quienes mientras, empleados públicos hacen malabares con una pensión de subsistencia y si muere su familia queda en el limbo. Los jueces del supremo por legislación tienen derecho al cien por ciento de su sueldo como pensión y cuando mueren sus viudas o viudos sigue recibiendo la pensión. Es eso la igualdad que promulga nuestro sistema democrático de gobierno.

Lo más desastroso es que ninguna de las tres ramas del gobierno hace nada, por evitar el enorme e irreversible daño al ambiente. Nada por evitar la destrucción del ecosistema, la contaminación del ambiente. Tierra, aire y agua contaminada. Sin ambiente sano no tendremos, sana convivencia, ni bienestar. Por qué es más importante para estos honorables en las tres ramas del gobierno el bienestar económico de las grandes corporaciones, que tanto contaminan nuestro ambiente que la salud de toda la población. Por qué no imponer regulaciones para proteger el ambiente. Es que son más importantes los partidos políticos y el poder económico que el costo de mantener un ambiente sano y más importante que la salud de la población.

Hay gente con conciencia de la importancia de un buen ambiente para esta y las futuras generaciones. Si empezamos una nueva lucha contra quienes dañan nuestra calidad de vida y no hacemos el mismo esfuerzo para proteger el ambiente, nuestra lucha y la de todos los pueblos del mundo serán en vano.

El único legado de los partidos políticos, del cual podemos obtener algún beneficio a favor de nuestro nuevo proyecto de buen gobierno para todos, es el de una buena organización de gobierno. No un gobierno bien organizado en términos de un buen servicio al pueblo, buen servicio que nunca le han brindado, quienes aún continúan gobernando. La división del gobierno en municipios y distritos representativos, es una buena base para la organización de un verdadero sistema democrático de gobierno. Verdadera democracia es, la participación masiva del pueblo en todos los asuntos de gobierno, asuntos que les competen a todos y que no pueden ser delegados.

Una nueva elección, nuevas promesas, mayores los engaños, los políticos utilizan toda clase de artimañas para ganarse el favor del pueblo. Llegan al poder y todo lo prometido vuelve al olvido. El pueblo deja de ser la prioridad, surgen nuevas necesidades, aumentan los problemas que aquejan al pueblo, sin haber resuelto los existentes. El pueblo se siente engañado una vez más, surgen los pequeños grupos, que protestan por lo que en particular les afecta. No hay apoyo de otros sectores del pueblo quienes entienden que ese no es su problema. Es ahí donde está la verdadera razón por la cual los problemas que no afectan no se solucionan.

Si analizamos otros países que estuvieron quizás veinte años atrás en una situación económica muy por debajo de la de nuestro país, cuya calidad de vida daba pena y hoy nos superan en calidad de vida y en una mejor economía. Esto se debe a un mayor interés y un aumento en la participación de la ciudadanía en los asuntos de gobierno. No podemos explicar como otros países con una población tan heterogénea logran ponerse de acuerdo en beneficio de todos y nosotros que somos todos básicamente puertorriqueños no logramos ponernos de acuerdo en beneficio de todos. Que nos hace tan diferentes y tan difíciles para llegar a acuerdos que beneficien a todos. O es que las propuestas del mantengo que tanto promueven nuestros políticos de oficio, nos han hecho poco productivo, no solo dentro de la fuerza laborar, sino también en lo moral, nos quitan el entusiasmo en busca de una mejor calidad de vida.

El mayor obstáculo que tenemos como pueblo para la solución de los problemas que nos aquejan y para lograr superar la crisis en la que nos encontramos, es la dificultad de lograr la unión del pueblo y encaminarlo hacia un mismo propósito. Esa es el arma principal con la que cuentan los políticos para lograr mantener el control sobre el pueblo. El descontento contra el gobierno es de la mayoría del pueblo, las protestas son de pequeños grupos en particular, los resultados a favor del pueblo, ninguno. Nunca nos hemos podido unir como pueblo, cuando eso ocurra, las fuerzas que tanto mal nos causan, empezaran a preocuparse seriamente, ya no será tan fácil o cómodo el trabajo de los partidos políticos. Tendrán que empezar a pensar en nuevas estrategias para continuar engañando al pueblo, solo que en lo adelante no lo van a lograr.

Con cada partido que sube al poder para gobernar, surge el descontento del pueblo, pues a la verdad que hasta ahora ninguno lo ha hecho bien y con ello, la misma posible solución, la creación de nuevos movimientos políticos. Es ahí donde está la verdadera falla del pueblo, en buscar la solución que menos conviene al pueblo. La solución que a quien más beneficia es precisamente al partido en el poder, el de la maquinaria política con más poder y recursos. Ellos se alegran enormemente con la mera mención de la creación de un nuevo partido político. Ello significa más división en el pueblo, más fragmentación de los diferentes grupos en lucha contra el gobierno, un verdadero debilitamiento de la oposición. Aunque parezca contraproducente estamos ayudando, en lugar de combatir al partido político que queremos derrocar. Los esfuerzos que hacemos tratando de crear una nueva entidad política, debemos reservarlo para orientar y crear conciencia en el pueblo de que la solución a los problemas que nos están creando a diario los partidos políticos, no está en la creación de uno nuevo, está en la eliminación de los existentes. Los esfuerzos deben estar centrados en lograr lo que no ha sido posible nunca, nuestro mayor escollo, unir al pueblo y moverlo hacia un mismo proyecto, la búsqueda del bienestar de todos, venciendo el fanatismo político y las diferencias pueriles que tanto daño nos hacen.

Quisiera pensar que no hay premeditación en el enorme daño que le están haciendo al país los llamados analistas políticos y analistas de la noticia. Si no están conscientes los productores de estos espectáculos, que más importante es la salud mental y emocional de todo un país que el miedo a las represalias por parte de políticos o partidos políticos. El tratar de utilizar en un mismo programa de análisis político a dos personas con visiones políticas distintas, no lo hace más balanceado, o justo, o más democrático. Se dice que la razón es tener dos puntos de vista diferente o la evaluación del concepto desde perspectivas diferente, esa razón no aclara dudas, crea confusión. El tener dos verdades diferentes para un mismo concepto, no es una buena orientación para el pueblo, tal vez le crea más desconcierto. Esto a quien único beneficia es a los políticos, para quienes la prioridad es mantener al país confundido.

Los analistas políticos no le hacen un bien al país, cuando le hacen propaganda diaria a los políticos, la mayoría de los cuales no le ofrecen un buen servicio al pueblo. Los analistas no pueden seguir siendo participe de los engaños de los políticos, quítense ya la mancha del fanatismo político y analicen de forma imparcial. No sean partícipes de la demagogia para convertirse en los más vistos y escuchados. No se acomoden a beneficio de los políticos de su predilección, dejen de ser mercaderes, ustedes saben que los políticos no están ofreciendo un buen servicio al pueblo. Los políticos no necesitan que ustedes los defiendan, quien necesita que los defiendan son los millones de ciudadanos necesitados de este país.

Oriéntenlos para que conozcan de las verdaderas atrocidades que cometen los políticos en perjuicio del ciudadano común, eso es servirle bien al país.

La tendencia, lo común, es criticar al gobierno y a funcionarios del gobierno por sus ejecutorias o los abusos a determinado grupo de ciudadanos. Con las críticas vienen las insinuaciones a que se organicen y protesten. Lo de protestar es pan comido para los políticos, y más cuando se hace en pequeños grupos, el efecto es nulo. Hoy los medios critican a un político y al otro día le dan espacio en los medios para realzar su figura, que pobre servicio al pueblo. En lo único que los medios deben ser consistentes es en dar a conocer el daño y el engaño de los políticos al pueblo. Ya paso el tiempo de protestar, ahora es tiempo de orientar y organizar al pueblo, para lograr que el bienestar sea de todos y no de unos pocos. Que el pueblo entienda que no puede continuar bajo el conformismo actual, tiene que dejar de seguir sintiéndose inferiores, no puede seguir bajo esa dejadez que tanto daño le hace, no puede seguirse conformando con lo poco, cuando hay pocos que viven con lo mucho que les pertenece.

Los analistas políticos, los analistas de la noticia, los radiodifusores y los medios de comunicación en general, tienen el poder y la facultad para lograr lo que no se ha podido nunca, unir al pueblo y encaminarlo a una meta, la de lo que más convenga al país. Lograr que el pueblo se mueva en una misma y única dirección, la que beneficie a todos. Lograr que la ciudadanía se ponga de acuerdo y mediante el voto evite que revalide ningún político. El reto esta, cuantos de ustedes tienen el valor de aceptarlo. Ustedes, quienes a diario están al tanto de lo que ocurre en nuestro país y quienes conocen a fondo las ejecutorias de los partidos políticos y los políticos que los representan, no deben moralmente respaldarlos. Quienes más pueden ayudar, por su capacidad de llegar con su mensaje a cada rincón del país, a desarrollar un nuevo sistema de gobernar sin los partidos políticos, son ustedes, los analistas políticos, los analistas de la noticia, los radiodifusores tele reporteros, periodistas y los medios de comunicación en general.

Los antropólogos, sociólogos y otros profesionales, llaman al pueblo las minorías, nada más fuera de la realidad. La verdadera minoría es la que gobierna de forma ineficiente al país. Esa minoría que tiene a la mayoría, llamada ciudadanía en crisis económica, social, moral y espiritual, crisis en la educación, en la salud, en la seguridad. Lo que somos como minoría es el trabajo de los llamados partidos políticos, que han logrado exitosamente fragmentar el pensar y el sentir del pueblo convirtiéndolo en pequeñas minorías, para su beneficio. La función principal del verdadero liderato que debe surgir, es la de unir esos fragmentos en los que los partidos políticos han separado al país, para convertirlo en lo que debimos ser siempre, la verdadera mayoría. La mayoría que debe entrar en control del gobierno, para lograr la igualdad en las oportunidades para todos sus ciudadanos. En la igualdad de oportunidades para todos, está la base de una verdadera democracia en cualquier país del mundo.

Donde existen los prejuicios, la marginación y la represión por parte del estado al derecho de sus ciudadanos a protestar por lo que afecta lo que más protege la constitución, su dignidad, no hay democracia. No podemos seguir reprimiendo con el cuco de comunista a todo el que se manifiesta en contra de las atrocidades que comete el gobierno contra sus ciudadanos. Somos un país, más que civilizado, uno bien educado, un que no va a seguir aceptando los engaños de quienes nos gobiernan. País de personas valientes y dispuestas a cambiar hacia la dirección correcta, hacia la de uno de todos y para todos.

Analice cada lector y vera que si existe, más que la posibilidad, la seguridad de que se puede gobernar sin los partidos políticos

CAPITULO 19

EL QUE APRENDE Y APRENDE Y NO PRACTICA LO QUE SABE, ES COMO EL QUE ARA Y ARA Y NO SIEMBRA

PLATÓN

La mejor garantía de una verdadera calidad de vida está en estos cuatro componentes; Una educación de calidad, un pueblo bien educado, tiene un buen discernimiento entre lo bueno y lo malo, entre lo que conviene y lo que afecta, escoge siempre el camino correcto. Segundo, un buen sistema de salud pública, donde todos los ciudadanos tengan la misma calidad en los ofrecimientos de servicios de salud. Una ciudadanía bien educada y con buena salud garantiza una mejor productividad. Tercero, un buen sistema de seguridad pública, donde todos los ciudadanos tengan la misma calidad e igualdad en los ofrecimientos de seguridad, lo que permite una mejor integración de la comunidad, mayor comunicación entre los diferentes componentes de la misma y sin diferencias en la aplicación de la justicia. Estas tres nos llevan al cuarto componente, al de la igualdad de oportunidades en el desarrollo personal, que nos conduzca hacia una mejor calidad de vida y a una sana convivencia. Los que nos gobiernan nunca han ofrecido verdaderas alternativas para solucionar los muchos problemas que nos aquejan, no piensan para beneficio del pueblo.

Hace mucho tiempo que debimos haber empezado a utilizar la energía solar y del viento, para aminorar la dependencia del petróleo, pero el monopolio creado mediante la Autoridad de Energía Eléctrica por los grandes inversionistas extranjeros que en nada se afectan con los daños a nuestro ambiente, no lo permiten. El daño no es solo ecológico, también lo es económico, pues el dinero de los inversionista es la primera opción del gobierno, sin importar las limitaciones económicas de la población. El viento y el sol serian inversiones beneficiosas para abaratar los costos energéticos, mas sin embargo estando políticos de por medio, la inversión no hará menos costosa la energía, ni beneficiara al pueblo.

Para el desarrollo de una economía saludable es necesaria una red vial bien organizada y no desparramada como la que tenemos, con unos sistemas de transportación pública adecuados que garanticen un flujo eficiente de personas y bienes. No hemos logrado nunca una buena planificación urbana, ni buena ubicación de los lugares de trabajo. No necesitamos más carreteras, ni la utilización de terrenos de alta calidad agrícola para su construcción. Lo que necesitamos es la utilización de las aguas que nos rodean, por nuestra condición e isla para el desarrollo de un buen sistema de transportación pública y de bienes de consumo interno. La mayoría de los grandes centros urbanos están ubicados en las áreas costeras. La inversión en áreas portuarias en esos centros urbanos y una buena red de transporte terrestre en esas áreas urbanas sería un buen comienzo para aliviar el tráfico y mejorar los costos de transportación de bienes y servicios.

Nuestro pueblo es uno altamente enfermo física y mentalmente, gastamos, más en tratar de curar enfermos que en prevenir la enfermedad. No podemos seguir tratando la medicina como un negocio altamente lucrativo para unos pocos que en ocasiones obtienen grandes ganancias con poca o ninguna inversión. El gobierno nunca ha provisto un sistema de salud eficiente y en su afán de que los grandes intereses obtengan ganancias exorbitantes con las consabidas igualas para algunos políticos, todo el sistema de salud se ha encarecido y los servicios cada día más deficientes. Tenemos que evitar la fuga de los profesionales de la salud apoyando el desarrollo de centros de salud integrada a lo largo y ancho de la isla, con énfasis en la prevención.

Si la función principal del gobierno es proveer de servicios de calidad a la ciudadanía al menor costo posible, dicho de otra forma, la función del gobierno no es la de lucrarse a costa de la salud del pueblo, que lo haga compulsorio a todos. Un seguro de salud universal, igualdad de servicios para todos los ciudadanos, incluyendo a los políticos de oficio y sus familiares. Cuando lo que es igual no es ventaja, el beneficio es igual para todos. Dejemos a un lado a los grandes inversionistas de la salud y que el gobierno tome control, mediante la creación de centros de salud integrada de la comunidad y que la compensación sea en base a la calidad y la variedad de los servicios que ofrezcan esos centros, esta competencia mejorara la calidad de los servicios médicos y será un buen aliciente para la retención en nuestra isla de los profesionales en este campo.

Un caso patético es el de los planes de pensión de los empleados del gobierno. Todos sabemos que la razón del descalabro de estos planes de retiro, es el haber puesto a políticos y no a administradores a dirigir estos planes. Los pagos a los retirados los subvencionaban los empleados activos en el servicio público y los intereses que generaban los depósitos de las cuentas de retiro. Cuando los políticos de oficio en el gobierno que siempre legislan para sus intereses particulares, comenzaron a autoimponerse salarios altos y sin tiempo suficiente sirviéndose del pueblo, cotizaban para altos beneficios económicos al retirarse, comenzaron los serios problemas con las finanzas de los planes de retiro. En la actualidad son tantos los políticos de oficio retirados con altos ingresos y menos los empleados públicos activos que aportan a los planes de retiro, como no se hicieron los ajustes a tiempo para compensar por la reducción significativa de los empleados públicos el sistema colapso. Aunque también se vieron afectados por las desventajas, en la inversión de los activos de los planes de retiro y la utilización de los mismos en asuntos ajenos a los mejores intereses de los mismos. Tomar a préstamo lo ajeno y no restituirlo, es robar.

Los políticos todo lo resuelven cogiendo prestado a nombre del pueblo, un pueblo que está en banca rota y sin posibilidades de salir de la crisis. Si son los trabajadores, los asalariados quienes son obligados a pagar esos préstamos, que posibilidades tienen de mejorar económicamente, cuando se les aumentan sus aportaciones al gobierno y se les disminuyen sus ingresos. Para quien se legisla cuando se le aumentan las cuotas de retiro y se les disminuye el por ciento del salario al que tienen derecho al retirarse. Analicen si son los políticos que cotizan para retiro los que más se benefician y los que en proporción menos aportan. Los que verdaderamente se afectan, continúan conformándose con lo poco, mendigos de su propio destino, sin el suficiente valor para luchar por la igualdad de derechos.

La política incide en todo lo que hacemos día a día por más pequeña que esto sea, más; sin embargo, no nos ocupamos de saber cómo y que tanto esto nos afecta. Esta es una de las principales razones por las que el país está en crisis. No nos preocupa que tanto nos afecte la manera en que los políticos de oficio gobiernan el país, siempre que tengamos un bocado de comida diario, no importa lo mísero que este sea. De lo que no nos estamos dando cuenta es que ese mísero bocado de comida está llegando a su fin. Un día no muy lejano nos vamos a levantar y no existirá el bocado de comida, quizás algunos dólares para comprar, pero nada que comprar.

Nos ofuscamos en pensar que el mantengo al que nos han llevado los políticos nos mantiene fuera de la miseria, cuando la realidad es que ese mantengo nos mantiene en la miseria. Seamos realistas, en la actualidad recibimos miles de millones de dólares para alimentos de los Estados Unidos, para los de escasos recursos y los que no trabajan, más de esa cantidad gastan los que trabajan y tienen recursos. Todos adquieren bienes de consumo que en más de un noventa por ciento provienen del extranjero y que las ganancias regresan al país de origen, es decir al extranjero. La mayoría de las compañías que ofrecen trabajo y obtienen mano de obra barata, son extranjeras y las ganancias van al extranjero. Por lo que nuestro producto nacional neto es bajo, la inversión de capital local poca y los salario de la mayoría de la población de subsistencia. Si seguimos con los actuales políticos de oficio y la política del mantengo, dejaremos de existir como país para convertirnos en una mera aldea.

Nadie ha podido tabular todo el daño que la política del mantengo ha ocasionado en nuestro país. Con el mantengo hemos desarrollado una cultura de ociosos, de personas aptas para el trabajo que no quieren trabajar, prefiriendo vivir a niveles de subsistencia. Quienes obtienen un ingreso sin trabajar empiezan a rechazar todo lo que implica trabajar, lo que significa no producir y por consiguiente no se fortalece la economía. Padres de familia que criaron a sus hijos sin trabajar y sus hijo ya están criando a los suyos sin trabajar. La cultura del mantengo mancilla la autoestima de muchos puertorriqueños, que hoy en día siguen ciegamente a políticos corruptos e inescrupulosos, mendigándoles pan y un techo para vivir, se perdió el orgullo y la dignidad, el deseo de superación y las altas metas. Nos están convirtiendo en un pueblo de gente que nace y vive para subsistir.

Una de mis grandes preocupaciones es el engaño al que han sometido al pueblo de Puerto Rico los políticos de oficio en y fuera del país. El porqué de que un tanto por ciento tan significativo de puertorriqueños se someta al escrutinio de un referéndum sobre estatus. Si es que ese porcentaje tan significativo esta consiente del engaño y es participe a sabiendas de que las propuestas en dichos referéndum no obligan al congreso de los Estados Unidos de América a concederlas. O es que el fanatismo político es tanto que ciega su entendimiento y aceptan todas las propuestas de los políticos de oficio puertorriqueños y otros no puertorriqueños que participan como senadores y representantes en las cámaras legislativas de Puerto Rico. Si desde julio del 1967, fecha en que se celebró el primer referéndum de estatus en Puerto Rico hasta el día de hoy nada ha cambiado en nuestra relación con los Estado Unidos, seguimos bajo las mismas condiciones de derechos civiles y políticos que teníamos cuando los norteamericanos nos obtuvieron como botín de guerra de parte del gobierno español en el mil ochocientos noventa y ocho (1898). Continuamos bajo las determinaciones del Congreso de los Estados Unidos, quienes deciden o determinan los límites en derechos del pueblo de Puerto Rico.

En el 1898 luego de finalizada la guerra hispanoamericana, España le cede a los Estados Unidos por medio del Tratado de París a Puerto Rico junto a otros territorios, como parte de un botín de guerra. Bajo ese tratado los Estados Unidos no se comprometían a incorporar como territorio de su nación a Puerto Rico y al eliminar la posibilidad de incorporarlo como territorio, también eliminaba la posibilidad de aceptarlo como Estado de la nación. Todo eso ocurrió hace más de cien años y aún estamos bajo las mismas condiciones. Podemos creer que los políticos de este país sean tan ineptos que en más de cien años no hayan podido adelantar nuestra condición de estatus. No es que sean ineptos, es que están convencidos de que este pueblo es fácil de engañar, es que son, más que gente sin escrúpulos, irresponsables y mentirosos, son perversos, pues a sabiendas del daño que le hacen al pueblo continúan con el engaño. Tenemos que hablar con crudeza de la realidad del desempeño de nuestros políticos, no podemos seguir con paños tibios y con miedo a represalias por su poder y control de la faena diaria del ciudadano común. Tenemos que delatar las barbaridades que cometen los políticos contra el pueblo.

Cuando en el 1898 los norteamericanos llegaron a nuestras playas, nuestros ciudadanos dieron gracias a Dios pues los vieron como los libertadores de los atropellos cometidos por el régimen español durante siglos. El ciudadano común de aquella época, esperaba que se acabaran los abusos a los que lo sometían los hacendados, terratenientes y la milicia española, quienes limitaban sus derechos y libertades. Los hacendados y ricos españoles de la época pensaron, en la abundancia, en las riquezas que vendrían con el nuevo régimen. La única diferencia fue que en tiempos de España fuimos gobernados por la milicia española y ahorra seriamos gobernados por la marina de guerra de los Estados Unidos. Estaríamos en lo adelante, bajo el control absoluto del congreso de los Estados Unidos.

Son los políticos que hablan de la anexión, los llamados estadistas, quienes más engañan al pueblo. Lo hacen con maldad pues saben que el congreso de los Estados Unidos en más de cien años no ha mostrado el mínimo interés en incorporarnos como territorio, paso inicial para concedernos la estadidad. La lucha de los seguidores de estos bárbaros del engaño es estúpida pues solo con mudarse a cualquiera de los cincuenta Estados de la unión americana resuelven su problema de estatus. De lo contrario, si en muchos países han recurrido a la guerra, o la llamada lucha armada para liberarse de la opresión y el abuso de las grandes potencias militares, que se unan todos los líderes estadistas y comiencen una huelga de hambre hasta lograr que el congreso de los Estados Unidos de América les conceda la estadidad para beneficio de sus seguidores.

CAPÍTULO 20

CUANDO CONOCEMOS DE LA FORMA
IRRACIONAL EN QUE EL GOBIERNO
IMPONE PROYECTOS Y SU POLÍTICA
PÚBLICA, VEMOS SU COMPROMISO CON
LOS GRANDES INTERESES ECONÓMICOS,
DEJANDO A UN LADO EL BIENESTAR DEL
PUEBLO

Gobernar o administrar, muchos pensaran que es lo mismo dicho de forma diferente. La realidad es que cuando hacemos referencia a como dirigir los destinos de cualquier país, existe una gran diferencia entre gobernar y administrar. No vamos a establecer la diferencia, mediante la definición de lo que es gobernar y lo que es administrar, sino en base a lo que es gobernar y lo que es administrar. Quizás les suene un poco extravagante la oración anterior, pero la realidad es que esa oración creo un reto y lo estamos aceptando Gobernamos, es lo que ha estado ocurriendo por mucho tiempo en la mayoría de los países de nuestro globo terráqueo. Gobernar lo asociamos con políticos, a los políticos con trabajo fácil y sin muchos requisitos para la posición deseada, con salarios y beneficios autoimpuesto mediante legislación para su propia comodidad. Políticos gobernando sin conocimiento de la solución a los graves problemas que nos aquejan como pueblo. Políticos que viven en una burbuja, formando su propia elite, sin sacrificar nada en beneficio del pueblo. Políticos que cambiaron la política pública del servidor público, de servicio al pueblo, por la de servirse del pueblo. Decirlo no es una falta de respeto, es una realidad ineludible, que solo ofende a quienes de verdad son sacrificados servidores públicos.

Gobernar es sinónimo de políticos, de partidos políticos, de grandes intereses económicos, de corrupción, de malos servicios al pueblo, de falta de compromiso a favor de una sociedad necesitada de buenos servicios de salud, de educación, de seguridad. Gobernar es sinónimo de marginación, prejuicios. De buenos servicios y beneficios económicos para unos pocos y en menoscabo de la mayoría de la población. Se gobierna mediante subterfugios, manteniendo enajenada a la mayoría de la población. Gobernar es sinónimo de mediocridad, de manipulación, donde no existen opciones para la solución a los serios problemas que carga la mayoría de la población. Problemas que no solucionan quienes gobiernan y nuevos problemas creados por quienes gobiernan.

Por siglos se ha conocido que los pueblos del mundo han sido gobernados para beneficio de unos pocos. Lo pasado, cuando se conoce y sabemos cuánto nos ha perjudicado, lo evaluamos para mejorar y no cometer los mismos históricos errores. Más; sin embargo, después de siglos de hechos históricos adversos, continuamos siendo gobernados para beneficio de unos pocos. El tres por ciento de la población del mundo está en control del otro noventa y siete por ciento. Si es característico del ser humano luchar contra la adversidad para lograr mejores condiciones de vida, porque, seguimos a tan altos niveles de desigualdad.

Podemos de alguna manera decir cuan beneficioso ha sido para el noventa y siete por ciento de la población del mundo los gobiernos existentes. Se ha notado una disminución porcentual en la marginación, los prejuicios, en la pobreza. Hemos visto alguna mejora significativa en la calidad de vida de esa mayoría de la población del mundo. La realidad es que no, los gobiernos se hacen cada día más pequeños y las riquezas del pueblo son repartidas en un grupo más selecto y pequeño. Gobernar se ha convertido en un arte, que ahora también es vitalicio y hereditario. Legislan las posiciones en el gobierno para un número determinado de años, más la realidad es que completan sus términos y son reclutados en otras posiciones hasta su retiro.

En nuestro país los que gobiernan viven de los dineros del pueblo hasta su muerte. No es que al retirarse no tengan derecho a una pensión de retiro, es que el monto de esa pensión es abusivo si la comparamos con la de los que trabajan en el gobierno. Gobernar no nos da el derecho autoimponernos privilegios, los privilegios se ganan con esfuerzo y excelencia. Es realmente vergonzoso ver como los que gobiernan legislan para su propio beneficio sin importarles la salud, la seguridad, ni una buena educación para el resto de la población. Vemos como los que gobiernan están en control de todo lo que bien usado, seria de grandes beneficios para el pueblo.

Los que gobiernan están en control de los dineros del pueblo, los cuales utilizan de la forma que más convenga a sus intereses. Todos sabemos que las necesidades del pueblo no están entre esos intereses, de lo contrario estaríamos en una posición tan ventajosa como en la que siempre han estado los que gobiernan al país. Económicamente estamos en una situación precaria como pueblo, los que gobiernan están en una posición ventajosa económicamente, ellos malgastan el dinero del pueblo sin escrúpulos, no les importa malversarlo, pues no tuvieron que sudarlo y no hay quien les impida mal utilizarlo de la manera que les venga en ganas. No les preocupa malversar los fondos públicos, sabiendo que quienes fiscalizan y quienes deberían aplicarles la justicia son parte de quienes gobiernan, donde está la magia.

Los que gobiernan muy sinceramente, manifiestan lo mala que esta la economía de nuestro país. Antes hablaban de lo malo que estaba nuestra economía, hoy la excusa es que esta mala la economía a nivel mundial, que todos los países del mundo están siendo afectados por el colapso de todos los mercados. Realidad ineludible, que no implica o sugiere que esa sea la razón del resquebrajamiento económico, social y moral de nuestro querido país.

Nuestro país tiene una particularidad única por nuestra relación con los Estados Unidos, por la forma en que nos ven nuestros conciudadanos norteamericanos, por nuestra cultura del mantengo, porque quienes nos gobiernan son los partidos políticos y porque nuestra única visión de mundo son los Estados Unidos de Norteamérica. Desde la invasión norteamericana en el mil novecientos noventa y ocho, que inicio con la imposición de un gobernador militar, hasta la formulación de la Ley orgánica del primero de Mayo del 1900, conocida como Ley Foraker, la cual establecía un gobierno civil en la isla. Pasando por la Ley Jones, firmada por el presidente Woodrow Wilson el dos de marzo del 1917 que concedía la ciudadanía norteamericana a todos los residentes nacidos en la isla y que también creo una legislatura bicameral elegida localmente. Esta legislatura formularia leyes que podían ser vetadas por el gobernador o por el presidente de los Estados Unidos de Norteamérica. Hasta llegar a la Ley Pública 600 del 3 de julio del 1950 que reconocía el derecho del pueblo puertorriqueño de elegir un gobierno propio y que dio paso a la creación de lo que aun hoy conocemos como El Estado Libre Asociado de Puerto Rico, no ha cambiado nuestra condición de botín de guerra.

Es bajo la condición de Estado Libre Asociado, con sus virtudes y defectos que han crecido, desarrollado y educado la mayoría de los actuales intelectuales y líderes que dirigen todos los partidos políticos, algunos de los cuales han gobernado nuestro país. Que mal agradecido es todo aquel que no acepte su crecimiento y desarrollo bajo el actual sistema de gobierno. No es que crea que sea el mejor sistema, ni que esté de acuerdo con que deba prevalecer, lo que si es cierto que todos los que podemos pensar, analizar, diferir y tenemos el valor de luchar por lo que creemos que es correcto. Los que no claudican valores ni principios, los honestos, esos que actualmente no se amilanan, ni se atemorizan ante la constante represión del gobierno y de las instituciones de ley y orden, nacieron, crecieron o se desarrollaron bajo ese sistema de gobierno llamado Estado Libre Asociado.

Ese llamado Estado Libre Asociado no debe prevalecer por sus muchas limitaciones a nuestro pleno desarrollo como pueblo. Por las muchas restricciones que nos impone la metrópolis y que nos mantiene bajo el yugo para su propio beneficio y conveniencia. El sistema existente no nos da la oportunidad, ni la posibilidad de un desarrollo económico sostenido por no disponer del privilegio de un mercado abierto, que nos permita hacer negocio con quien nos ofrezca las mejores ventajas económicas. No podemos negociar con quien tiene las mejores ofertas, todo está en control de los Estados Unidos y eso limita y continuara limitando nuestras posibilidades de desarrollo económico.

Los norteamericanos, no nos ven ni nos sienten como sus iguales, ni les preocupa nuestro bienestar como pueblo, si de verdad les importara, si el estar bajo el ala protectora de esa potencia mundial fuera un privilegio, nuestra situación económica y social fuera mejor. Veamos la realidad, en este bendito país solo están bien unos pocos y los conocemos. No son los más inteligentes ni los más trabajadores, pero saben vivir. La población en su mayoría está limitada en bienestar y calidad de vida, pero como esta tan acostumbrada a conformarse con lo poco, no se esfuerzan por conseguir mejores condiciones de vida ni por buscar soluciones a los graves problemas que les aquejan. Todo lo delegan en aquellos que no son los mejores, no son los más inteligentes ni los más educados, ni los que tienen los mejores deseos de ayudar al país a salir de la crisis, pero saben vivir.

Los políticos siempre le han hecho creer al pueblo, las bondades de las ayudas federales y de lo mucho que estas han beneficiado a la población más necesitada, cuando la realidad es que esas ayudas en vez de beneficiar han creado más necesidad en el pueblo. La llamada cultura del mantengo ha desarrollado una población reacia al trabajo y acostumbrada a conformarse con lo poco, sin creatividad, ni opciones para el logro de una mejor calidad de vida. Con el llamado mantengo hemos dejado de existir como comunidad, no hay vida comunitaria, todo es el maldito individualismo, el pensar y actuar solo para nuestro propio y único beneficio sin importarnos el colectivo.

Estamos dejando de existir como pueblo cuando solo pensamos en nosotros, en nuestra única situación, en el yo soy y existo pero no vivo. Vida es más que un bocado de comida, una casa salda y un mísero cheque de pensión. Es alegría, diversión, satisfacción, esperanzas de un mejor futuro, salud, seguridad y estabilidad económica. Ninguna de esas condiciones existe en nuestro país para la mayoría de la población. Son precisamente los responsables de la problemática en la que se encuentra nuestro país, los que viven con privilegios incluyendo seguridad personal pagada con el dinero del pueblo. No solo viven con privilegios pagados por el pueblo, sino que también son parte de sistema represivo contra el pueblo humilde y trabajador.

Un pueblo pensante, que ha vivido la experiencia de los malos gobiernos durante generaciones, Que conoce y ha vivido en carne propia todo el prejuicio la marginación y las limitaciones a las que han sido sometido por los políticos de oficio a quienes les confiaron los destinos del país. Conociendo la realidad de que los problemas siguen sin solución, de que continuamente son engañados por los políticos, continúan con el fanatismo político. Dando todo, hasta la vida en ocasiones, por las diferencias políticas y a favor de quienes no muestran ningún interés en beneficio del pueblo. El comienzo de la solución de los problemas que afectan al país está en la eliminación de quienes causan esos problemas, los políticos. Mientras continuemos pensando en los políticos como solución a los problemas, conociendo que son ellos quienes los causan, continuaremos cayendo al abismo. No a la política partidista, no a los partidos políticos, no a los políticos y sus intereses particulares. Comencemos a dejar de pensar en que nos gobiernen políticos.

Hay un modo de pensar generalizado entre la población de que entrar a la política es una forma de conseguir un empleo bien remunerado sin mucho esfuerzo en el trabajo y sin muchos requisitos académicos y de otra índole. Los que están le sirven de ejemplo a los que quieren pertenecer a ese grupo exclusivo, de lo fácil que es enriquecerse y sin mucha preocupación por faltas a la ley en la consecución de esos bienes en muchas ocasiones mal habidos. Quienes gobiernan entran en control mediante la creación de las leyes y de la forma y manera de cómo aplicarlas en la mayoría de las ocasiones. En muchas ocasiones derogan leyes y crean leyes en beneficio de quienes forman parte del control dentro del gobierno. Utilizan el poder que les confiere el ser gobierno para reprimir, en ocasiones utilizando la fuerza bruta, los derechos y libertades de la población. La población está en desventaja constante ante los abusos del gobierno por la autoridad que les es conferida. Cuales han sido los beneficio para el pueblo y si en algo se pueden equiparar a los de quienes gobiernan.

El pueblo no puede competir en igualdad de condiciones con quienes gobiernan en la búsqueda de una mejor calidad de vida. Son pocos en la población en general que con mucho esfuerzo y trabajo logran mejorar en calidad de vida. Más; sin embargo, quienes entran a formar parte de los que controlan dentro del gobierno mejoran considerablemente su calidad de vida sin mucho esfuerzo. No podemos seguir bajo el formato de siglos de civilización donde lo mucho y lo mejor es para unos pocos, mientras lo poco y lo peor es para los muchos, Esa mayoría significativa de la población en desventaja, es la única mayoría que no impone por su condición de mayoría las pautas que le pueden beneficiar. Cuál es la verdadera razón para que esto ocurra, todos la conocemos, pero la aceptamos y permitimos que siga ocurriendo y que nos lleve a la debacle en la que nos encontramos, que está permitiendo que aumente la marginación y la pobreza a niveles extremos. Todos sabemos que son los países del mundo gobernados por los partidos políticos.

Ya es tiempo de un cambio radical, dejemos a un lado lo que no funciona y comencemos con una nueva manera de hacer las cosas, eliminemos el concepto de gobierno y comencemos a administrar esa empresa propiedad del pueblo. Durante mucho tiempo se ha estado gobernando con una deficiencia significativa al gobierno propiedad del pueblo, a la ciudadanía se le impone   responsabiliza por la deuda, se sigue empobreciendo el país y los que administran (los políticos) enriqueciéndose. Entendamos que no necesitamos políticos para que gobiernen al país, lo que necesitamos son buenos administradores para dirigir la empresa propiedad del pueblo. Si no lo hacemos con prontitud el producto final será más que meras lamentaciones, será la destrucción económica, moral y espiritual de nuestra sociedad. Será la destrucción del hombre por el hombre, bajo la ley de supervivencia, donde solo los más fuertes subsistirán. Hablamos de subsistencia, puesto que las limitaciones serán tantas que será difícil la sobrevivencia.

Administrar es comprometerse con el éxito de la empresa, es llevarla en continuo desarrollo y crecimiento para beneficio de todos sus dueños que serán participes de sus ganancias. Todos sus dueños (el pueblo) tendrá las mismas oportunidades de desarrollo y crecimiento y su beneficio o ganancia será en proporción a su inversión o compromiso con la empresa, será cada miembro o dueño de esa empresa quien determinara su nivel de crecimiento dentro de la empresa. Con ello comenzara una mejora significativa en la calidad de vida de muchos, lo que entusiasmara a otros muchos y llevara a la empresa a crecer y mejorar en grande. Comenzará a disminuir la brecha entre ricos y pobres, disminuirá de manera proporcionar la marginación.

Será un comienzo excelente solo si nos atrevemos a superar el fanatismo político, si comenzamos a ser más responsables como pueblo, si comenzamos a pensar como colectivo, en busca del bienestar de todos, dejando a un lado ese individualismo que tanto divide al pueblo. Tenemos control de nuestros actos, de las cosas que hacemos pero no de sus consecuencias, También somos responsables de aquellas cosas que dejamos de hacer en beneficio de todos y a favor de nuestro beneficio personal, cuando en realidad somos parte de un todo, que al verse afectado nos toca porque somos parte de ese todo.

La historia reciente nos dice que los pueblos que son gobernados, están en deficiencia presupuestaria que va en crecimiento continuamente que no hay en la actualidad un solo miembro de esos gobiernos que presente una solución al problema presupuestario que ellos mismos crearon. Más; sin embargo, es el pueblo quien más se afecta y quien está obligado por las leyes y regulaciones establecidas por quienes gobiernan a asumir responsabilidad por la deficiencia presupuestaria y sin que afecte ni obligue a ninguno de los componentes de esos gobiernos nefastos.

Cuando se administra, contrario a gobernar la responsabilidad vicaria está en los que administran la empresa. Son los administradores los que tienen que dar cuentas de cómo opera la empresa. Las grandes empresas tienen socios y accionistas quienes son los dueños, tienen una junta directiva que dirige y tomas las decisiones de hacia dónde se dirige la empresa. Esa junta directiva nombra o contrata a una junta administrativa que planifica y determina los trabajos a realizarse en la empresa a la vez que evalúa la eficiencia de la labor realizada y las medidas a tomarse para hacerla competitiva. Las evaluaciones son continuas y las mejoras constantes, para asegurar el éxito de la empresa. Cuando las empresas fracasan, se van a la quiebra con intensión de recuperar de las muchas posibles causas de su fracaso, de lo contrario dejan de existir y todos pierden.

En el caso de gobernar a un país con unas deficiencias en constante aumento quien único pierde es el pueblo. Los políticos que lo dirigen y responsables de las deficiencias, terminan con grandes ganancias para ellos y sus allegados. Porque hemos permitido eso durante tanto tiempo y conociéndolo continuamos permitiéndolo. Lo hacemos por nuestro conformismo, nuestra dejadez al permitir que políticos se ocupen de nuestros asuntos, por nuestro individualismo y por nuestro fanatismo político. El resultado, un país fracasado y unos políticos en constante enriquecimiento.

Si en vez de ser gobernados por políticos ineptos y mal intencionados, sin una preparación adecuada a las funciones que realizan y contratando asesores con sueldos fabulosos quienes solo sirven a los intereses particulares de los políticos que los contratan, el país fuera administrado por ejecutivos eficientes y altamente competitivos, estaríamos en mejor situación que la actual.

Los partidos políticos, los políticos de oficio y el arte de gobernar han sido, son y serán un fracaso. No podemos continuar con lo mismo, el momento es ahora, eliminemos a los partidos políticos, no continuemos confiando a los políticos de oficio los destinos del país y cambiemos un sistema fracasado llamado gobierno.

A muchos escépticos les parecerá absurdo lo de administrar en lugar de gobernar. Pensaran que decirlo o escribirlo resulta fácil y al parecer es muy bueno para ser posible. Que los gobiernos, ni los partidos políticos, ni los políticos de oficio desaparecerán nunca. Que lo que es uso y costumbre perdura por siempre. Que no es posible ese cambio tan radical y en contra de los políticos cuando son ellos, los políticos quienes están en control de todo. La realidad es que los ciudadanos abusados y marginados son esa inmensa mayoría, que les ha permitido a los políticos estar en control de todo. La verdad es que no siempre tiene que ser de esa manera, todo pueblo abusado tiene un límite de tolerancia y el nuestro no es la excepción.

Cambiar la mentalidad de un pueblo sumiso, conformista y con un nivel tan alto de fanatismo político y oportunismo será bien cuesta arriba, pero posible. No es falta de orientación y conocimiento, es falta de valor, es miedo a lo diferente. Quien no da un primer paso no llega nunca a un destino final y feliz. En la vida triunfan los que se atreven y nuestro país necesita líderes, no políticos. El país necesita comenzar a ser administrado por ejecutivos competentes y exitosos y no ser gobernado por políticos irresponsables e incompetentes que al día de hoy todos sabemos que su prioridad es el poder y el lucro personal, el político que no se sienta aludido, que no reaccione.

¿Cómo podemos lograr el cambio de gobernar a administrar? De inicio hay que identificar a personas o ciudadanos que se comprometan con el pueblo y no con los partidos políticos. Cuando el pueblo tome control del país y mediante el voto elija a todos los que estén comprometidos con los intereses del pueblo y no de los partidos políticos, habremos hecho un gran avance en la consecución de un país libre de políticos, de corrupción, de represión institucional, de desigualdad, para convertirnos en un país, más que de posibilidades, en un país de grandes oportunidades.

Las oportunidades están determinadas por el pueblo, que es quien en última instancia a decidido donde quiere estar. Si como pueblo nos conforma la situación en la que nos encontramos actualmente seguiremos en precaria. Todos los valores que en alguna ocasión nos distinguieron como pueblo se están extinguiendo. No podemos seguir creyendo ni esperando por un Mesías que venga al rescate nuestro. No está en los políticos ni en religiosos con intereses creados la solución a la crisis por la que atraviesa nuestro país.

Los políticos piensan que el verdadero poder está en el dinero, todo lo valora en la cantidad de tenencia material, dinero, propiedades, terrenos, creen que la felicidad está en los lujos y la vida fácil. Vida fácil es un principio básico para muchos de los que aspiran a puestos electivos dentro del gobierno y para otros muchos ayudantes en campañas políticas. En la política, todos los aspirantes ganan. Los que son electos pasan hacer parte de una elite de privilegiados, los que pierden también tienen su recompensa, pues son nombrados a puestos políticos, unos de envergadura, por su relación con políticos de primer nivel y otros pasan a ser parte de las miles de batatas políticas que circulan por todas las agencias de gobierno, en agencias cuasi públicas y gobiernos municipales. Los políticos son bien agradecidos con todos los alcahuetes que colaboran en sus campañas, son bien dadivosos, lo único que lo hacen con el dinero del pueblo.

El gran perdedor siempre resulta ser el pueblo que paga por todas las dádivas de los políticos, el pueblo es el único verdadero responsable por la crítica situación en la que actualmente se encuentra el país. Es el pueblo quien elige a las personas que nos limitan en todos los aspectos, no hay posibilidad de desarrollo si a quienes elegimos para que rijan los destinos de nuestro país, piensan primero en su bienestar y el del partido político al que pertenecen y luego a los grandes intereses que subvencionan sus campañas. De quien es entonces la responsabilidad, si es el pueblo quien los elige, es el pueblo quien conoce de sus ejecutorias en contra de los mejores intereses de la población y es el pueblo quien los vuelve a elegir para que sigan cometiendo todo tipo de atropello en su contra.

Como vamos a resolver la crisis si quienes la causan y se benefician, no se van a quejar, los allegados de quienes se benefician tampoco se van a quejar. El pueblo que es quien en última instancia se afecta, solo se preocupa por sus intereses particulares y acepta con resignación todas las limitaciones a las que es sometido por decisión de los políticos, no hace nada por salir de quienes provocan la crisis, cuales son las posibilidades, ninguna.

Todo está en manos del pueblo, en él está la posibilidad de salir de la crisis, si no hay voluntad, ni deseo de superarla, para que el esfuerzo. Si no surge un liderato nuevo con verdadero deseo de que nuestra nación se levante y se convierta en una de oportunidades de desarrollo para todos. Un liderato cuyo principal interés sea el bienestar de todos, donde las posibilidades sean las mismas para todos. Un liderato que reciba el respaldo del pueblo en su gestión, un pueblo unido fuera de banderías políticas, un pueblo moviéndose hacia una misma meta, la del bien común, donde no tengamos obstáculos ni limitaciones en la búsqueda del pleno desarrollo como pueblo.

CAPÍTULO 21

LA BUENA EDUCACIÓN ES LA TORMENTA ESPIRITUAL QUE NOS PROTEGE DEL AZOTE ÍNTIMO Y PUNZANTE DE LA IGNORANCIA

SEVERO COLBERT

Quizás muchos de nuestros conciudadanos no entiendan bien lo que significa el copo electoral y a quien verdaderamente beneficio y quienes se afectan adversamente. En nuestra querida isla, el fanatismo político es de tal magnitud que nubla el entendimiento y se pierde el entendimiento lógico de la realidad en que vivimos. Para la mayoría de la población, que suple sus necesidades básicas aunque limitada sin mucho esfuerzo, piensa que somos un paraíso en comparación con la mayoría de las naciones del mundo. El engaño al que han sometido al pueblo los partidos políticos ha creado una miopía colectiva que no nos deja ver ni entender que nos estamos quedando atrás con relación a los demás países del mundo.

No estamos entre los mejores del mundo en ninguna de las facetas del diario vivir, nos estamos convirtiendo cada día en un país, más y más empobrecido. En un país sin porvenir, que solo vive de la esperanza de un mejor futuro, ofrecido por los partidos políticos cada cuatro años. Solo ofrecen bonanzas y solución a todas las crisis y problemas a las que nos llevaron quienes gobernaron el cuatrienio anterior, cuando la realidad es que ambos partidos políticos han estado gobernando al unísono durante décadas. Los dos partidos mayoritarios son responsables de la crisis por la que atraviesa nuestro país. Tal vez no podamos determinar cuál de los dos partidos políticos que nos gobiernan, tiene más responsabilidad en la crisis actual, pero si podemos con firmeza señalar que ninguno de los dos tuvo, ni tiene la capacidad para resolver la situación actual de la cual ambos son culpables.

La forma de gobernar es la misma por ambos partidos políticos en el poder o que comparten el poder. Gobernar para unos pocos y crear serios problemas a la mayoría de la población, quienes sin recursos son obligados a cuadrar los desmadres económicos creados por los políticos para beneficio de unos pocos que nunca sufren limitaciones en tiempos de crisis, es la norma en nuestro país Sus engañosas campañas políticas siempre son las mismas, y lo peor de todo es que las conocemos, sabemos que nos engañan y aceptamos el engaño en las urnas electorales. Empiezan señalando las muchas fallas de quienes están gobernando, gobierno del cual son parte, luego prometen soluciones a los problemas que ellos mismos crearon. El conteo de votos luego de las elecciones, solo determina, la variación en la cantidad de candidatos electos por cada partido político, lo cual decide quien tiene más poder en el gobierno que comparten y quien tiene mayor control en la administración o repartición de los dineros del pueblo.

Los dos partidos políticos que se han estado alternando en la gobernación del país, son la misma cosa, ni se han ocupado ni preocupado por la situación caótica en la que vive la mayoría de la población. Siempre han gobernado para unos intereses particulares, que se han enriquecido en forma desmedida con relación a su capacidad y el servicio ofrecido al país, servicios bien remunerados, pero sin resultados positivos de ayuda al pueblo necesitado. Estos dos partidos de mayoría nunca le han servido bien al país y son un mal ejemplo que podrían seguir otros en su intención de formar nuevos partidos políticos. Es por eso insisto de que la formación o creación de nuevos partidos políticos no es la solución a los graves problemas que aquejan a quienes son la mayoría en la población de este país. Es la eliminación de los existentes, para terminar con el fanatismo político como solución al gran daño que estos le hacen al país y a las familias puertorriqueñas. Fanatismo político que mantiene a la ciudadanía y a las familias divididas en beneficio de los partidos políticos. El sectarismo político debilita más al país en la toma de decisiones que le beneficien y fortalece más al partido político en el poder.

El fanatismo político lleva a la gente al irracional pensamiento, influenciado por los políticos de que el copo electoral es de gran beneficio para el país, cuando la realidad es que los copos electorales en su fundamento solo logran aumentar la represión del estado contra la población. Los partidos políticos en el poder entienden que tienen un mandato del pueblo para tomar cualquier tipo de decisión. Lo que esos líderes dentro de esos partidos políticos no entienden, es que las decisiones que tienen que tomar deben ser en beneficio del pueblo y no de sus intereses particulares, la de sus partidos políticos y los de sus allegados. Lo único que evita un atropello mayor contra el pueblo, es la oposición política, no porque los abusos contra el pueblo sea su prioridad como oposición, es que si no ponen resistencia y sacan a la luz pública los abusos del partido político en el poder, minimizan sus posibilidades de convertirse en mayoría en las próximas elecciones.

No piense el pueblo que lo que mal llaman fiscalización es por proteger los intereses del pueblo, no, lo hacen para defender sus propios intereses como partido político. Los problemas del país no se resuelven, porque no están entre las opciones o mejor dicho entre las prioridades de los partidos políticos. Con ese balance que crea la oposición, aunque no en los mejores interese del pueblo, vemos lo difícil que resulta la sobrevivencia para la mayoría del país, el alza en la represión por parte del estado, la marginación, el aumento de la pobreza y el enriquecimiento de unos pocos. ¿Cómo será la existencia de la mayoría de la población bajo un copo electoral?

Si bajo un gobierno con una oposición con la suficiente fuerza para disminuir los atropellos del partido político en el poder, ocurren tantas barbaries contra la población, imaginen lo que ocurriría bajo un copo electoral. Ese copo electoral del que tanto disfrutan los fanáticos políticos cuando ocurre, no entienden que ellos también harán coro con sus lamentos, cuando los participantes de ese poder absoluto tomen control del gobierno. Su única esperanza es la de que después de cuatro malos y largos años tendrán la oportunidad de revertir el daño que le hicieron al pueblo, aun con lo difícil que resulte por el control absoluto de ese partido, de todo el andamiaje gubernamental y político.

Cuando un partido político con control absoluto del gobierno controla la forma y manera de aplicar las leyes, y de crear las leyes que beneficien a quien le dé la gana. Cuando están en control de la forma y manera de requerir los recaudos para el fisco, aumentara la represión por parte del estado, aumentara la marginación, los prejuicios y un aumento significativo en los niveles de pobreza. Con la creación de nuevas leyes y sin una verdadera oposición estarán en control del sistema electoral, lo que les permitirá más años en el poder y más sufrimientos para la mayoría de la población que aunque pobres y marginados siguen siendo mayoría. Esas son parte de las consecuencias nefastas para el pueblo bajo un copo electoral.

Algunos pensaran que un copo electoral crearía una verdadera plutocracia, la preponderancia de los ricos en el gobierno del estado, o predominio de la clase más rica de un país, no, en un copo electoral no serán los ricos en control del gobierno. Serán políticos sin valores ni principios en busca de poder a costa del sufrimiento del pueblo. No serán ricos viviendo en ventaja por su poder económico, son políticos ineptos enriqueciéndose con la autorización de un pueblo que le dio un voto mayoritario en medio de un enfermizo fanatismo político. No somos un pueblo que es engañado por los políticos, somos un pueblo que se deja engañar por los políticos. No somos un pueblo que sufre por los desmadres de los políticos, somos un pueblo que conoce de los desmadres de los políticos y lo permitimos. No somos un pueblo desunido por la política partidista, somos un pueblo que conocemos como afecta a las familias la política partidista y la seguimos fomentando. No somos un pueblo afectado por las malas decisiones que toman los políticos, somos un pueblo que conoce de las malas decisiones que toman los políticos en perjuicio de sus ciudadanos y los seguimos tratando como nuestros ídolos. Nos hemos convertido en un desastre como pueblo en beneficio de los políticos de oficio.

Las llamadas dictaduras, no son el control absoluto de un país o nación por una sola persona. Dictador llamamos al líder de un grupo de personas que gobiernan con mano dura, dígase abusos y atropellos contra la población indefensa. Quienes establecen las dictaduras, controlan la forma de aplicar las leyes, contra quien aplicarla y en beneficio de quien y ese quien que se beneficia son componentes de esa dictadura. En las dictaduras los que gobiernan están en control de las fuerzas de ley y orden, para reprimir a la población.

Cuando bajo una dictadura estas en control de la judicatura, las ramas legislativas, la milicia, la policía estatal, los sistemas de salud, la educación y los medios de comunicación, estas en control del cotidiano vivir del pueblo para beneficio de los componentes de esa dictadura. Controlan para reprimir los derechos del ciudadano y para limitar los bienes y servicios que presuponen una mejor calidad de vida. Reprimen todos los derechos de aquellos que no están de acuerdo con los abusos que impone la dictadura. Limitan el acceso a una buena educación, a un buen sistema de salud, a la libertad de expresión, a una buena alimentación y a la seguridad de empleo con un trabajo bien remunerado. Bajo una dictadura no hay ni la más remota posibilidad de mejorar la calidad de vida de la mayoría de la población o de ese tanto por ciento de la población que no es parte del aparato dictatorial del país.

La mayoría de las dictaduras son impuestas por la fuerza mediante la utilización de la milicia como ente represor. Cuando ocurre de esa manera, toda la población del país los conoce y sabe de forma clara sus intenciones. Pero cuando es mediante el engaño de políticos sin conciencia en busca del copo electoral mediante el mal uso del voto, es peor la situación. La razón, la búsqueda del copo electoral por parte de los partidos políticos, no tiene otra intención que no sea la de lograr el control total o absoluto del gobierno. Un gobierno donde no exista una oposición efectiva y donde la mayoría de la población, la acepta. La acepta por dos razones, porque son inducidos mediante engaño y el engaño significa mentirle al pueblo, sobre la manera de solucionar los problemas en los que los metieron los políticos de oficio o mediante la compra de votos, concediendo trabajos y beneficios temporeros hasta pasadas las elecciones. La otra razón es el fanatismo desmedido, donde se dice que no importa lo corrupto que sea y todo lo que robe después de que sea de su partido político.

La dictadura que crea el copo electoral, es peor que la impuesta por la fuerza militar, pues esta utiliza uno de los componentes más sagrados dentro de la llamada democracia para imponer la dictadura, el derecho al voto. Un voto electoral inducido mediante engaño, deja de ser un componente de la llamada democracia. Cuando vemos esa dictadura como un ejercicio de la democracia y pensando en que será de beneficio a la mayoría de la población se anula la oposición y el daño es mayor. Esto aumenta de forma significativa el control del gobierno y los abusos contra la población.

Aumenta la deserción escolar por la falta de interés del gobierno en proveer a la población de una buena educación, esto es básico en las dictaduras, mantener al país bajo la mayor ignorancia y el menor conocimiento posible. Aumento en el desempleo, que nos lleva a una mala alimentación y a cubrir de manera ineficientemente unas necesidades básicas. Falta de buenos servicios de salud, lo que produce una población enferma física y mentalmente, de baja productividad y autoestima. Un aumento desproporcional de la criminalidad ante la falta de oportunidades. Un descalabro total de la posibilidad de mejorar la calidad de vida. El resultado un país en caída libre a lo profundo del precipicio Y quienes gobiernan bajo el copo electoral por mandato del pueblo enriqueciéndose. Esa es la dictadura que crea el copo electoral bajo el ala de la llamada democracia.

Prueba de que los políticos no creen en la democracia, es el llamado de estos a que voten de forma íntegra en la papeleta con la insignia de su partido. Esa es una forma de coerción para evitar la libertad de expresión, fundamental en los verdaderos postulados de la democracia. La libertad es más que la ausencia de contención, es el derecho a defender la dignidad del ser humano.

CAPÍTULO 22

MEJOR LLAMARLOS DISTINGUIDOS Y NO HONORABLES

La honorabilidad es una cualidad de la persona honorable, honorable es aquella persona digna de ser honrada o acatada. Para ser honrado o ensalzado tienes que ser honesto. Ser honesto, es ser decente, decoroso, recatado, razonable, probo, recto, lo cual es un honor. El honor es una cualidad moral que lleva al cumplimiento de los propios deberes respecto del prójimo y de uno mismo, honor es la buena reputación que sigue a la virtud, al mérito, o a las acciones heroicas. Conociendo el verdadero significada de lo que es ser honorable, tratemos de acomodarlo o acreditarlo a todas esas personas dentro del gobierno a quienes llaman honorables. La honorabilidad no puede ser dedicada o impuesta a posiciones de trabajo, la honorabilidad es condición humana, solo personas pueden ser designadas como honorables.

Pensemos por un momento o analicemos con detenimiento para ser más precisos si podemos encontrar entre esos funcionarios de gobierno a quienes con frecuencia o en cada presentación pública que hacen los llaman honorables. Si esas cualidades que hacen a una persona acreedora del título de honorable, existen en algún funcionario de gobierno. A quien podríamos mencionar o en quien podríamos pensar como poseedor de esas credenciales. La verdad que es sucio difícil encontrar a cualquier funcionario electo dentro del gobierno, a uno solo con esas credenciales.

Los funcionarios elegidos dentro del gobierno tienen una cualidad básica, son políticos y para poder encajar o acomodar un político a las exigencias de lo que verdaderamente es ser honorable es cómo lograr que una hormiga tenga sexo con un elefante. No hay la más mínima posibilidad de encontrar un político con la suficiente honestidad para ser llamado honorable. Si en verdad existe alguno, que levante la mano para que sea sometido al escrutinio público El movimiento se demuestra andando, lo que produce resultados es lo que se hace, no lo que se dice y ningún político hasta ahora y no creo que en el futuro ocurra, ha hecho ningún sacrificio personal significativo en beneficio del pueblo. Caridad no es dar lo que te sobra o lo que no es tuyo, caridad es compartir lo poco que tengas y que te produzca satisfacción.

En lo adelante, como la honestidad no se puede medir en magnitud, grado o en porcentaje, o eres honesto o deshonesto y como la honestidad no puede seguir siendo concerniente a posiciones y si a personas, llámenlos distinguidos y no honorables. Una persona puede distinguirse por hacer cosas decorosas o indecorosas, por hacer cosas aceptables o inaceptables. La honestidad se mueve en una sola dirección, la correcta, la distinción se mueve en ambas direcciones, en la aceptable o en la inaceptable.

Es realmente deprimente oír como llaman honorable a una persona cuando la presentan públicamente y luego oírlo hablar de forma despiadada y sin fundamentos de otra persona. Hablar sin el mínimo decoro, convirtiendo al adversario en política e ideas en su enemigo. Convierten la tribuna en un campo de batalla, donde se trata de imponer conceptos e ideas. Se menosprecia el valor de otras personas, se ofende de palabras, agresión verbal que no es compatible con la cordura y tolerancia de una persona honorable. Como es posible que sigamos tolerando que políticos denigren o desvaloren tan alto concepto, va a llegar el momento en que el llamar a una persona honorable se va convertir en una payasada.

Quienes verdaderamente van a perder son aquellas personas fuera de la política, que tienen el mérito suficiente para llamarlos honorables y créanme que hay muchos. Muchos buenos ciudadanos, excelentes, honesto y de una verticalidad a toda prueba a quienes podemos llamar honorable. Honorabilidad significa amor al prójimo, al servicio, implica sacrificar el beneficio personal, por el beneficio del pueblo, es la búsqueda de la excelencia en el servicio. Honorable es aquel que busca el bienestar para todos, la tranquilidad, la seguridad, la igualdad para todos. Es quien cree en la justicia sin ventajas, en la verdad como punto de inicio a todo lo que debe hacerse bien. Es quien ve en la honestidad la garantía de un éxito duradero. Es quien conoce que cuando las cosas se hacen bien, los resultados siempre son buenos. No es sacrificarse, es darse con dignidad al servicio de la comunidad y que los logros alcanzados para el bien de todos sea su satisfacción mayor.

CAPÍTULO 23

AL PUEBLO LE DIGO; QUE TODOS JUNTOS SOMOS MÁS QUE LOS PROBLEMAS EXISTENTES

Todo comienzo tiene un punto de partida. Desde el comienzo el propósito principal es que el país despierte a la realidad del daño que los partidos políticos le están ocasionando. De la necesidad de eliminar los partidos políticos para que el país pueda salir de la seria crisis en la cual ellos nos tienen sumidos. Que el pueblo entienda que los partidos políticos no son la solución a los problemas que nos aquejan como pueblo. Que son ellos precisamente los causantes de toda la situación adversa por la que atraviesa el país. Que hasta el día de hoy no solo no han podido resolver los problemas, sino que día a día nos crean nuevos problemas. No podemos seguir sintiéndonos víctimas y permitir que como hasta ahora políticos solucionen nuestros problemas. Ya es tiempo de que comencemos a ser parte de la solución de nuestros problemas.

Hay un dicho muy popular que dice "sin prisa pero sin pausa" Aludiendo a que sin prisa pero sin detenernos lograremos nuestros objetivos, el nuestro es eliminar a los partidos políticos, como transición para un nuevo comienzo sin políticos de oficio que sigan creando y no solucionando los problemas de nuestro país. Nuestro país no aguanta otros cuatro años gobernado por políticos, razón por la cual tenemos que darnos prisa y sin pausa iniciar una nueva forma de gobernar. La decisión de donde queremos estar y como queremos estar es nuestra, dejemos de delegar, tomemos las riendas para encaminar al país o izar velas para llevarlo a puerto seguro.

Hasta hoy me he comunicado con muchos escépticos que no ven de qué forma podemos gobernar al país sin los políticos. Dos cosas les digo, no es gobernar al país con políticos, es administrar al país con expertos en la administración pública y sin afiliación política. Es eliminar a los políticos de oficio utilizando su arma principal, la fuerza del voto real, sin treta ni engaño. Es postulando para cada puesto electivo personas con conocimiento en las funciones de la posición, sin ataduras políticas y de honestidad probada.

En nuestro país tenemos un banco de talento enorme de personas que pueden hacer una aportación significativa para lograr que salgamos del atolladero en el que nos tienen sumergidos los políticos de oficio. Muchas de estas personas no entran al servicio público precisamente por el estilo bajuno con el que actúan la mayoría de los políticos en el país. Cuando logremos erradicar a los políticos de oficio, eliminamos a los partidos políticos y a los intereses económicos que los subvencionan, con el único propósito de sacar gran provecho económico del dinero del pueblo. Para los grandes intereses económicos, su afiliación a los partidos políticos, es un negocio redondo donde hacen pequeñas aportaciones en comparación con las grandes ganancias que sin mucho esfuerzo obtienen. Cuando dejen de existir los partidos políticos conformados por políticos de oficio, quienes con sus actos obstruyen el deseo de muchos buenos profesionales con la capacidad para administrar nuestro país, otros muchos buenos ciudadanos y bien intencionados profesionales desearan y se animaran a entrar al servicio público.

Lo correcto   no era pensar como buen ciudadano en lograr un copo electoral, era diversificar, encontrar gente con ideas y pensamientos nuevos y diferente para ayudar a una nueva forma de gobernar y de fiscalizar, no era tratando de perpetuar el más de lo mismo. Mientras más personas con ideas diferentes y sin afiliación política entren al servicio público, mayores las posibilidades de sanear al gobierno de las malas acciones de los políticos y allegados que solo piensan en enriquecerse, cuando están en control de todo. Cuando no hay afiliación política, el compromiso no es con los partidos políticos y los grandes intereses económicos que los controlan y se benefician de todos las decisiones favorables a ellos y perjudicando al pueblo. Cuando no hay afiliación política el compromiso es con lo prometido, el bienestar del pueblo.

Décadas de experiencias nos han enseñado que la mayoría de los aspirantes a puestos políticos, van pensando en cómo lucrarse y no lo digo como una afrenta, sino como una realidad que vivimos a diario con los políticos de oficio, todos salen altamente beneficiados. Es la única posición donde el beneficio económico esta cien por ciento garantizado. Hasta para los corruptos de los cuales supuestamente solo el uno por ciento es detectado como corrupto y menos del uno por ciento de esos que son detectados son convictos por corrupción o malversación de fondos públicos. Porque tenemos que seguir fomentando los malos hábitos de los políticos si en nada benefician al pueblo.

Los políticos no son servidores públicos, lo de servidores públicos es una falacia. Los políticos son empleados de gobierno bien remunerados, son personas que realizan una función o trabajo en muchas ocasiones con un salario mayor al que corresponde por la labor que realizan. No dan ni ofrecen un servicio público, servicio público es aquel que se brinda sin recibir un beneficio económico.

Eliminando a los políticos y tal vez no lo logremos de un solo intento, en la medida en que candidatos independientes o sin afiliación política entren a formar parte de la administración del país, más cómodo se hará la erradicación total. Quienes piensan que esto es un pensamiento utópico, no tienen el valor de enfrentar el reto que representa lo nuevo o diferente, quieren seguir viviendo en él no se puede, en él no es posible. Quieren seguir viviendo en la prehistórica teoría de que" es mejor lo malo conocido que lo bueno por conocer" Que peor que la muestra que nos han dado los políticos por décadas o siglos. Lo malo no se puede permitir hay que cambiarlo y los políticos no son la excepción, tenemos que salir de ellos.

Esto no es una posibilidad, es una realidad que solo se puede lograr con un pueblo dispuesto al cambio. El inicio está en las próximas elecciones y sin ninguna violencia, está en solo analizar en las precarias condiciones en las que nos encontramos como pueblo y en la comodidad con la que viven todos los políticos. Es analizar en qué medida las gestiones a favor del pueblo, si alguna que han realizado los políticos, ha redundado en beneficio para el pueblo. Cuando reconozcamos donde estamos por las malas decisiones de los políticos, vamos a tomar una decisión seria y responsable, de la forma que mejor se adapta a nuestro sistema de gobierno, el voto en las urnas. Si ejercemos un voto con conciencia e inteligencia dejando a un lado el fanatismo político y el conformismo desmedido reconociendo que no está en los políticos la solución a los problemas del país estaremos iniciando el camino a la reconstrucción de nuestro querido Puerto Rico.

CAPÍTULO 24

TRIUNFEMOS SOBRE LA INERCIA Y LA INDIFERENCIA

Una buena comunicación con personas que conocen a fondo las distintas realidades que se viven en nuestro país, nos da el espacio para reflexionar a fondo sobre algunas tristes verdades. Como es la realidad de la Junta Estatal De Elecciones, un verdadero club privado, donde los comisionados de los tres partidos tradicionales mantienen un control absoluto del voto del electorado. La protección de ese voto ha ido quedando en control ya no de tres sino de dos partidos políticos que componen la mayoría del electorado. Ese control absoluto es la mayor dificultad que tienen las candidaturas independientes, pues quedan a merced de la maquinaria políticas de esos dos partidos la protección de los votos emitidos a esas candidaturas independientes. Es tal vez esta una de las razones de más peso para que no se logre el triunfo de candidatos independientes. Cuando se habla del control de las maquinarias de los partidos políticos y de lo difícil que es luchar en su contra, la protección de los votos de los candidatos independientes es una de ellas.

Conociendo el pueblo otra de las artimañas de los partidos políticos por mantener el control y sin beneficios para el país, debemos comenzar otro frente de luchar, para lograr que candidatos comprometidos con el bienestar del país y no de intereses particulares, logren el apoyo del electorado. Muchas personas con la suficiente capacidad para ayudar en una verdadera reconstrucción del país, pierden interés por lo muy cuesta arriba que resulta la lucha contra las maquinarias políticas y el gran daño a la reputación de personas integras. Se necesita una gran fuerza de voluntad, poder de convencimiento y una verdadera educación del pueblo, para sacar a gran parte de la población que vive bajo el fanatismo y el oportunismo político, y llevarlos a la realidad del desastre en que nos han sumido los partidos políticos. Parece una meta inalcanzable, pero si en algún momento no comenzamos, no obtendremos la posibilidad de un logro a favor del pueblo.

Entiende el pueblo, porque todos los asuntos relacionados con la ciudadanía o que afecte directamente a la población en general tiene que estar en las manos de los políticos o ser decidido por estos. Porque tienen que ser los políticos a su completa conveniencia quienes toman todas las decisiones referente a la junta estatal de elecciones Porque los partidos políticos imponen los candidatos a las elecciones, como aseguramos la transparencia en cada comicios electoral, si los señalados son quienes deciden los diferentes conflictos, a favor de quien van a decidir. Es acaso eso justo y razonable, es democracia, hay libertad de expresión.

Estamos mal legislados, no solo por las muchas malas decisiones que toman los legisladores. También por permitir que por ley, existan en la legislatura cabilderos, pagos por los grandes intereses económicos, quienes hacen negocios con el gobierno y quienes como empresa privada establecen altos costos por los servicios que ofrecen y todo con el aval de los legisladores y en menoscabo del pueblo. Mal legislado, porque el pueblo no participa de las bonanzas que obtienen los legisladores, quienes a diario comprueban que trabajan para sus intereses particulares, los de su partido político y los grandes intereses económicos. Lo más irónico es que quien menos se beneficia es el pueblo trabajador, el mismo que es forzado a pagar las bonanzas, los beneficios económicos de los legisladores y de los grandes intereses económicos.

El pueblo como inversionista no tiene más que una opción la de invertir en el gobierno, la inversión de su dinero mediante el pago de contribuciones, el pago por servicios deficientes y la imposición de arbitrios y patentes por todo lo que requiere el gobierno para estar en ley. El gobierno, que crea leyes ambiguas para controlar el monopolio de empresas y negocios, es la empresa con el más grande monopolio. El gobierno no le da opciones al pueblo para escoger la mejor posibilidad, la más conveniente, pues solo está la que ofrece el monopolio más grande que existe, el gobierno.

No estoy obviando la responsabilidad del pago de contribuciones y otros recaudos por parte del pueblo, sino de la obligación del gobierno de utilizar esos recaudos de la forma más eficiente posible y para beneficio del pueblo, lo cual debe ser la prioridad y no la excepción. El gobierno no puede continuar operando con grandes beneficios para unos pocos y pocos beneficios para los muchos. Que son el pueblo trabajador.

Si pudiéramos lograr un análisis profundo, libre de cualquier apasionamiento, de los verdaderos logros de los políticos de oficio en las mal llamadas, grandes y exitosas democracias del mundo, encontraríamos lo que alguien escribió y que tanto me impacto. "Que de tanto ver como sobresalen las causas sin importancia, la magnitud con la que crecen las injusticias, ver como lo deshonesto nos engaña con su intento de impunidad. Ver a los malos en control de la vida diaria de todo un país. Nos lleva como sociedad a desistir en la lucha por una mejor calidad de vida, a mofarse de la virtud, a reírse de la honradez y a sentir vergüenza de ser honesto". No hay un buen ejemplo a seguir entre los políticos actuales. No hay un solo político con la suficiente capacidad, honestidad y libertad de anteponer valores y principios, por el poder que da el dinero. Dinero que deja de cubrir necesidades básicas de los más humildes, para dar lujos y comodidades a quienes menos lo necesitan. Ese es el gran legado de los políticos de oficio en cualquier país del mundo.

CAPÍTULO 25

SIN DEJAR DE SER DIFERENTES LUCHEMOS POR EL BIEN COMÚN DE NUESTRO PAÍS

Mucho tiempo antes del comienzo del dominio del imperialismo norteamericano en Puerto Rico, los estadounidenses conocían, por mantener comercio con Puerto Rico durante la época de la dominación española; de lo sumiso y fácil de manejar que era el obrero puertorriqueño. Esto era ideal para el sistema de explotación que establecieron los estadounidenses en Puerto Rico. Muchas horas de trabajo, bajo malas condiciones y salarios bajos. Esto, sin oposición ni protesta por parte del obrero puertorriqueño, dada la necesidad, producto de la miseria en que se vivía por la explotación y abusos del imperio. Respaldados por los líderes políticos locales, quienes estaban bajo el control político y económico de los grandes intereses económicos de los Estados Unidos de Norte América las posibilidades de mejores condiciones de trabajo eran ínfimas.

Los abusos y las malas condiciones de trabajo del obrero puertorriqueño se agravaron durante la gran depresión. Esto provocó grandes protestas y huelgas, que desde el inicio no fueron exitosas, porque La Federación Libre de Trabajadores (FLT) que era subsidiaria de la (AFL) en los Estados Unidos, no logro afiliar un número significativo del total de trabajadores. Además la FLT que era el sindicato principal estaba muy unida al partido socialista y esta estrecha vinculación iba en detrimento de la clase obrera y a favor de los patronos.

Fueron las huelgas de los obreros de las centrales azucareras, o los llamados, obreros de la caña, en los años1933 y 1934 en reproche al liderato de la Federación Libre de Trabajadores por firmar convenios con el patrono, sin contar con los puntos de vista de los trabajadores, lo que debilito y constituyo el capítulo final de la FLT como organización sindical dominante en la isla.

De inicio las huelgas no fueron exitosas, porque la miseria en que vivían los obreros, la necesidad y el hambre, esa falta de recursos y el poder económico del patrono, los limitaba. Tampoco contaron con la ayuda de la FLT quienes se aliaron con los patronos, en contra de los intereses de los trabajadores. Más; sin embargo, estas huelgas le dieron un aviso a las grandes corporaciones de que ya no eran tan sumisos los trabajadores y de que había que tratarlos con más respeto. Los trabajadores ya contaban con nuevas armas es su lucha por mejores condiciones de trabajo y mejores trabajo, para ayudarlos a mejorar su calidad de vida.

Las huelgas continuaron durante el resto de la década del 1930. No fue hasta marzo del 1940 que nace una nueva organización obrera, La Confederación General de Trabajadores, la que en representación de más de 159 uniones y 150,000 trabajadores, para el año 1945 sustituyo a la FLT como principal sindicato obrero. Su estrategia principal fue la de formar una gran unión, con mayor fuerza colectiva en los procesos de negociación. Aunque los movimientos obreros intervienen en la política, la CGT quería evitar que cualquier partido político controlara el sindicato, como ocurrió con la FLT, también entendían que la lucha por los derechos de los trabajadores, era una lucha de clases.

Los políticos como siempre tratan de controlar o arrimar a su brasa a las uniones obreras y Don Luis Muñoz Marín cual hábil político endoso a la

Confederación General de Trabajadores como parte del programa de desarrollo industrial de su partido Popular Democrático (PPD). La intención no fue otra que la de controlar al sindicato y al final solo consiguió dividirlo, en la Confederación General de trabajadores Gubernamentales y la Confederación General de Trabajadores Auténticos. Luego de esta división inicial surgieron nuevas uniones, nuevas divisiones entre las intereses de los obreros, se fue fragmentando el liderato y las uniones fueron perdiendo la fuerza de negociación con el patrono, tanto el gubernamental como el privado. Ya no se darían aquellas grandes luchas contra los abusos del patrono.

La intención de una unión independiente no afiliada, que representara a todos los trabajadores se desvaneció. En lo adelante, el propio gobierno sería uno de los principales obstáculos en la lucha por los derechos de los trabajadores. El patrono, las grandes corporaciones, casi en su totalidad de capital extranjero, en su mayoría estadounidense y con cabilderos en la legislatura, con gran poder de persuasión monetaria, bloquearon el avance arrollador de los derechos de los trabajadores. El avance en las mejores condiciones de trabajo, mejores salarios y beneficios marginales. Se continuó con la explotación de la mano de obra puertorriqueña en beneficio de los grandes intereses económicos con el aval del gobierno.

En la década del 1960, los llamados líderes obreros reseñaban el logro después de muchos esfuerzo de un aumento de cinco centavos por hora para cada obrero, lo que significaba tal vez una ganancia de diez centavo por hora por cada obrero, para los líderes sindicales, el aumento salarial era insignificante para cada obrero, pero el aumento por hora por cada obrero, para el liderato sindical era significativo. La mayoría de estos líderes sindicales habían cedido ante los avances económicos y de acomodo por parte de políticos perversos. Claudicaron valores v principios ante el amor al dinero. Se perdió todo el avance de aquellas primeras cinco décadas del siglo pasado. Aquellas en las que pese a la miseria en que se vivía y a pesar de que las limitaciones y la necesidad obligaban, se dieron grandes luchas. En la actualidad con el liderato sindical en manos de los políticos de oficio y defendiendo intereses particulares que a quien realmente beneficia, es a los grandes intereses económicos, esas grandes corporaciones, en su mayoría extranjeras y a los políticos de oficio, quienes mantienen el control del gobierno en su beneficio y el de sus allegados, no hay avance en favor del trabajador asalariado.

Lo más penoso es que cada vez que surgen luchas a favor del pueblo y los trabajadores, los políticos se acercan a los líderes sindicales a ofrecerles beneficios. Es ahí donde comienzan las negociaciones tras bastidores entre políticos, los patronos y los líderes sindicales. Al final el sacrificio es del pueblo trabajador y los beneficios para el patrono, los líderes sindicales y los políticos de oficio. Eso es lo que consistentemente ha estado ocurriendo en las últimas décadas.

Veamos la realidad de porque los sindicatos no cumplen su función de lograr resolver los problemas que afectan a la clase obrera y su efecto sobre la mayoría de la población. Lo que hasta ahora han logrado las uniones en nuestro país, es engordar las finanzas de los políticos y ayudarlos a perpetuarse en el poder. A los trabajadores solo los mantienen en el conformismo y la baja autoestima, bloqueando sus posibilidades de desarrollo y de lograr una mejor calidad de vida. Los actuales líderes sindicales se alejaron del principio básico de las uniones, unirse para lograr la fuerza y la oposición suficiente para lograr avances en las negociaciones con el patrono.

Lo básico es que en la unión esta la fuerza. Los actuales líderes sindicales solo luchan, protestan y negocian por intereses particulares. Van débiles a las negociaciones con el patrono, porque no van a defender los intereses de todos los trabajadores, ni siquiera a los de sus representados. La prioridad para los líderes sindicales son sus propios intereses, sino de qué manera podemos explicar, de que para cada grupo o clase particular de trabajadores, dígase maestros, policías, bomberos, los trabajadores de las corporaciones públicas y agencias de gobierno, todos están representados por más de un gremio sindical. Ese individualismo sindical y los intereses particulares, producen esa división que tanto pone a gozar al patrono y a los políticos de oficio. La fragmentación debilita en las negociaciones con el patrono y no se logran avances a favor de los afectados, los trabajadores. Los responsables de que esto ocurra son los líderes sindicales, que se dejan convencer por el primer ofrecimiento de los políticos que se acercan a mediar, como de costumbre ofreciendo beneficios miserables para el trabajador. La culpa es del pueblo trabajador, cada grupo que permite la división y la representación por más de un sindicato.

Una prueba fehaciente del daño que los políticos de oficio le hace al trabajador y prueba también de lo poco que los líderes obreros logran a favor de sus representados, son las Agencias de empleos temporeros. Una de las mayores atrocidades creadas por la maldad humana, que echó abajo décadas de luchas obreras en beneficio del trabajador. Estas agencias creadas por mandato de las grandes corporaciones a través de sus cabilderos en la legislatura, quienes pagan muy bien para lograr su propósito en beneficio de quien tiene el poder económico y de los políticos de oficio en la legislatura y en las alcaldías que las utilizan para perpetuarse en el poder en detrimento de los trabajadores. Esto sin la oposición efectiva de ese liderato sindical llamados a defender los intereses de los trabajadores.

Estas agencias de empleo temporero continúan campeando por su respeto, su propósito, proteger los intereses de las grandes corporaciones y los de los políticos de oficio que gobiernan nuestro país. La ley que crea estas agencias, no tuvo oposición efectiva de parte del liderato obrero, la razón solo ellos la conocen y son los trabajadores afiliados a eso sindicatos los llamados a pedir cuentas. Sigue siendo el pueblo trabajador el responsable de los abusos que contra ellos se comete, por su dejadez y conformismo.

Estas agencias con la ayuda de la legislatura, que todo lo disfraza con la búsqueda de lo que más beneficio le produzca al pueblo y la de los líderes sindicales han logrado revertir décadas de lucha a favor del trabajador. La explicación, estas agencias, como intermediarias de las grandes empresas, reclutan para estas, los empleados necesarios pero de forma temporera. Esto les permite pagar sueldos bajos y sin los beneficios marginales que por ley les son requeridos al empleador y sin la obligación de reclutar de forma permanente al empleado, esto echa abajo los logros de años de lucha de los trabajadores. Estas agencias son herramientas de engaños por parte del gobierno, quien en año de elecciones recluta a miles en empleos temporeros y luego los deja en la calle pasadas las elecciones.

Estas agencias de empleo reclutan a miles de desempleados para ubicarlos en las mismas plazas de trabajo que ocupaban, pagándoles un sueldo menor, cobrando la agencia por cada hora de trabajo de cada trabajador reclutado y todavía ganan las empresas, pues la suma de lo que pagan a los trabajadores reclutados y lo que pagan a las agencias de empleo temporero es menor que lo que le pagaban como empleado regular, sin incluir los beneficios marginales.

Los líderes sindicales son personas con afiliación política que en la mayoría de las ocasiones defienden los intereses político partidista, para beneficio de los políticos y partidos políticos, más que los verdaderos intereses, que son los de los trabajadores. Hasta tanto y en cuanto, los trabajadores no se den a respetar y comiencen a aspirar en grande y no a conformarse con lo poco, nunca sacaran los pies del plato. Para comenzar debe existir un solo liderato sindical que represente a todos los trabajadores, porque los problemas de cada grupo de trabajadores afecta al resto de los trabajadores. Los problemas son de todos los trabajadores, no de unos pocos y diferentes, son los mismos problemas y los afectan a todos. Cuando se logre la unión que permita la fuerza suficiente para darse a respetar ante el patrono y que permita sentarse a negociar en beneficio del trabajador sin desventaja, se habrá logrado el verdadero propósito de las uniones, el logro de la igualdad y de mejor calidad de vida mediante la negociación colectiva.

Si el liderato sindical tuviese un genuino deseo de trabajar en beneficio del trabajador y si los trabajadores dejaran ese conformismo con lo poco, ese delegar en otros para que resuelvan los problemas que les afectan, no estarían hoy en la precaria situación en que se encuentran. Tantos años en luchas banales, sin logros a favor de quienes verdaderamente producen para este país, los trabajadores. Un verdadero liderato sindical, con un real deseo de trabajar en beneficio del pueblo trabajador, sería uno de los instrumentos de mayor fuerza en la lucha contra todo aquello que limita los derechos de estos. Sus logros serian significativos en la lucha a favor de la igualdad de oportunidades y de la erradicación de la pobreza. Que mucho puede lograr un pueblo cuando se une en un único y mismo propósito, el bienestar de todos y la igualdad de oportunidades.

CAPÍTULO 26

EL SITIO DONDE UNO NACE ES LA PATRIA QUE SE AMA

Cuando hablamos de independencia, pensamos en uno de los más bellos ideales, es la máxima expresión de un pueblo a su derecho a ser libre. Un derecho que no puede ser coartado, mediante el miedo y la intimidación. La mayoría de los pueblos del mundo en mayor o menor grado han estado bajo el yugo de otras naciones con mayor poder militar. Todas esas naciones sometidas con violencia tuvieron que recurrir a la violencia para convertirse en pueblos libres. El costo de la liberta que cada nación libre del mundo tuvo que pagar fue alto, vidas humanas que se perdieron en cruentos campos de batallas. Hombres, mujeres y niños pagaron un alto precio por la libertad. La libertad es un derecho de cada especie viviente y cuando cualquier miembro de cualquier especie viviente es entrampado, enjaulado o amarrado, se violenta ese derecho. Los países con mayores recursos económicos y militares, someten a pueblos más débiles y con menos recursos a la esclavitud, explotando sus recursos naturales y humanos, limitando su derecho al pleno desarrollo.

En la actualidad a esos pueblos sometidos los llaman colonias y cuando la gente valiente de esos pueblos, luchan por convertir su país en uno libre, los criminalizan, los persiguen y los encierran. Convierten en criminales a quienes en su pleno derecho luchan por la independencia de su país, a los que se atreven, a los que se sacrifican los llaman delincuentes. A los cobardes, que se someten a aceptar sumisamente los atropellos, a esos que no sacrifican nada, los llaman ciudadanos honestos y responsables. Las luchas por la libertad de los pueblo requiere valor y sacrificio, para someterse, no hay que mover un dedo en defensa de nada. ¿Dónde verdaderamente están los honestos y responsables?

En nuestro caso específico, la nación que nos obtuvo como botín de guerra y que mediante el engaño y la ayuda de los políticos de oficio, coartan el derecho a la libre determinación y la independencia por medios pacíficos de nuestro país, es una nación que en sus inicios, formada por trece colonia, luchó y mediante la guerra y las alianzas con otra nación logró la independencia de Inglaterra. Luego, en una guerra de secesión, los estados del norte vencen a los estados del sur, una guerra de miembros de una misma nación, hermanos contra hermanos, las víctimas se contaron por millones. Esa nación es hoy, la más poderosa del mundo, la madre de la democracia, tierra de oportunidades y defensora de los derechos humanos. Políticos de esa gran nación en contubernio con los políticos de oficio de nuestro querido país, obstaculizan el derecho de quienes luchan en forma pacífica por la independencia, mediante la persecución, la intimidación y la encarcelación.

Esa gran nación de quien dicen los políticos de nuestro país, nos tiene bajo su ala protectora y sin cuya ayuda nos moriríamos de hambre, es un ejemplo claro de una nación de hombres valientes que interpusieron su bienestar personal por la libertad de toda una nación. Lucharon y a costa de sangre y dolor lograron la independencia sobre una de las naciones más poderosas de la época.

En el caso de nuestra isla, los llamados líderes en pro de la independencia, como parte de los políticos de oficio han menguado de forma significativa, las huestes de quienes con sudor, sangre y sacrificio han luchado por lograr la independencia. Estos líderes a su propia conveniencia, equivocaron la estrategia en la lucha por la independencia. Están bajo la visión de que atacando y desprestigiando al Estado Libre Asociado bajo el cual crecieron, se educaron y se desarrollaron como líderes van a lograr convertirlo en una fuerza en extremo minoritaria. Conscientes de que un tanto por ciento de miembros del PPD son de ideología independentista se moverían a su partido político. Otro porcentaje significativo adoctrinados, creyendo en las dadivas de los Estados Unidos de Norte América se movería hacia el anexionismo. Esto convertiría al PPD y al PIP en dos pequeñas minorías y al PNP le daría una mayoría significativa, que les permitiría solicitar la estadidad y cuando esta le sea negada por los Estados Unidos de Norte América, la independencia entrará por la cocina. Eso es lo que piensan los líderes del partido independentista.

Solo tratan de explotar el bello ideal de independencia para su beneficio personal. Bajo el liderato de Don Gilberto Concepción De Gracias tuvimos al último líder comprometido con lograr la independencia. Un líder honesto, que con humildad y valentía y sin claudicar valores y principios ante el ambiente hostil de los poderosos, defendió con gallardía los postulados de la libertad.

Por el contrario los actuales líderes independentistas al igual que los de los dos partidos de mayoría se convirtieron en mercaderes del poder, dejando atrás valores y dignidad, para convertirse en hombres y mujeres arrogantes y pedantes que echan a un lado a los verdaderos creyentes del ideal de independencia, solo por diferir de sus ideas engañosas.

Lo que piensan los verdaderos independentistas de este país, es diferente. Ellos sienten que los líderes del Partido Independentista, como políticos al fin, buscan alianzas con los verdaderos enemigos de la independencia, los anexionistas. Esto solo con la intención de lograr más presencia en el gobierno, lo que buscan es prestigio, reconocimiento o buena remuneración económica, como la mayoría de los políticos del país quienes son inmunes a la debacle económicas del país, que solo afecta al resto de la población. Los verdaderos independentistas de este país saben, que ante la merma de las huestes independentistas la verdadera fuerza para combatir al anexionismo está en el PPD, porque este es un partido mayoritario y el único con la posibilidad de frenar el avance del anexionismo que tanto resienten los que desean un país libre.

También reconocen que es bien cuesta arriba luchar contra el poder económico de los Estados Unidos y la propaganda engañosa y bien orquestada de los anexionistas. Es dura la lucha contra quien posee el poder del dinero y provee del mantengo y las ayudas federales a la mayoría de la población. O dicho de otra manera, devuelven parte de la ganancia que obtienen, con el mantengo y las otra llamadas ayudas federales. Ninguna nación se convierte en la más poderosa del mundo regalando parte de sus riquezas. Cuál de los actuales líderes independentistas tiene la fuerza para luchar contra la triste realidad de ese cruel engaño.

En los más de cien años de relación desventajosa con los Estados Unidos, con el único partido con el cual han establecido acuerdos, mediante la creación del Estado Libre Asociado ha sido con el PPD. Si la gran metrópolis tuviese otras intenciones diferentes a las establecidas en los postulados bajo el Estado Libre Asociado, ya lo hubiesen ejecutado.

En tanto y en cuanto los líderes del Partido Independentista Puertorriqueño continúen sus alianzas con los anexionistas, no adelantaran un paso en beneficio de la lucha por la independencia. No es la lucha armada, ni el terrorismo lo que se necesita para adelantar la causa de la independencia, lo que se necesita es honestidad y voluntad para educar al pueblo sobre las ventajas de convertir a nuestra isla en un país soberano. Orientarlo sobre las manipulaciones y los engaños a los que someten al pueblo los políticos de oficio tanto en Puerto Rico como en los Estados Unidos.

El independentismo no necesita un partido político, lo que necesita son personas honestas cuyo único compromiso sea la búsqueda de lo que verdaderamente le conviene al país y su gente, el derecho a una mejor calidad de vida y la igualdad de oportunidades. No pueden seguir siendo participes o cómplices de aquellos, que bajo el manto de una llamada democracia que no existe, tanto daño le hacen al país y a todos aquellos que aman la libertad y la igualdad.

En términos políticos el ideal de independencia, es el más bello ideal concedido al ser humano. La lucha por la libertad de los pueblos es la acción más digna de admirar, cuando verdaderos valientes, más que su propia liberta, sacrifican su vida, hasta ahora en vano por tan profundo sentimiento, el amor a la patria. ¿Por qué ha sido vano el esfuerzo? Porque los actuales líderes independentistas de nuestro país, en su afán de adelantar sus agendas personales, equivocaron las estrategias. No es fomentando el odio hacia la nación, de la cual quizás el noventa por ciento de la población los ve y los siente como sus protectores. No importa bajo que engaño, se ha logrado convencer a un por ciento tan alto de la población de la importancia de ser parte de la llamada nación más poderosa del mundo. Si para ellos es un orgullo ser parte de lo que llaman la gloriosa nación norteamericana, cómo van los líderes independentistas a tratar de desacreditarla al extremo que sus huestes lleguen a odiarla. Con esa estúpida estrategia solo han logrado menguar la fuerza del independentismo.

La verdadera estrategia, es aquella donde los actuales líderes aprendan a ser humildes y empiecen a buscar los verdaderos ejemplos, los verdaderos ídolos en aquellos que con valor y sacrificio dieron su vida y su libertad por el ideal de independencia. Que aprendan a escuchar y a conocer del propio pueblo, sus necesidades y de los males que les aquejan. Que fomenten entre la población, el amor a la patria. Que eduquen al pueblo sobre su capacidad para sobresalir y ser exitoso como nación independiente.

La actual lucha por la independencia es un esfuerzo vano. No se le puede pedir a un pueblo que luche por su independencia, cuando se siente tan dependiente de la nación de la que pretenden que se libere. El independentismo no puede seguir siendo en nuestro país un movimiento político, el mismo pueblo se lo ha dicho en las urnas al no lograr quedar inscrito como partido político en las últimas dos elecciones. Tiene que convertirse en un movimiento social que luche a favor de las verdaderas necesidades del pueblo, que luche contra la marginación y la pobreza, contra la desigualdad social. Que luche contra todos aquellos males que aquejan a la población y a favor del bienestar de todos y al derecho a iguales oportunidades de educación, de servicios de salud, iguales oportunidades de trabajo, de seguridad e igualdad en la aplicación de la justicia. Esa es la verdadera lucha que debe darse por la libertad del país.

CAPÍTULO 27

LOS POLÍTICOS SE ESFUERZAN POR CONTROLAR Y NO POR SOLUCIONAR LOS PROBLEMAS, CREAN DIVISIÓN CUANDO EN LA UNIÓN DEBE ESTAR LA FUERZA QUE NOS AYUDE A SALIR DE LA CRISIS.

En la política hay dos cosas que cabe destacar por su relevancia a la hora de emitir un juicio justo sobre nuestros políticos. En primer lugar, por lo general nunca seguimos la trayectoria de los actuales líderes políticos ante de que incursionaran en la política, a que se dedicaban, trabajaban, estudiaban o meramente eran desempleados en busca de un buen guiso en el gobierno. Entre nuestros políticos encontramos profesionales exitosos, abogados, médicos, ingenieros, maestros, artistas, periodistas, publicistas, etc. También encontramos vendedores de autos, dependientes de ferretería, deportistas, en fin, gente con una gran variedad de trabajo antes de entrar de lleno en la política. Razonablemente podemos pensar que cada uno de ellos realizaba su trabajo satisfactoriamente y recibían una compensación económica por el trabajo que realizaban. Desarrollaban algunos de ellos algún tipo de labor comunitaria sin recibir compensación económica, efectuó alguno de ellos trabajo voluntario de ayuda a la comunidad, antes de irrumpir en la política. Conocemos de alguno, probablemente la respuesta es, no.

Cuando se les pregunta, los menos privilegiados profesionalmente argumentan que comenzaron desde abajo en el partido, pasquinando, participando de las caminatas políticas de su partido, como funcionario de colegio, haciendo colectas políticas, su trabajo siempre fue en favor del partido político hasta llegar a las posiciones de privilegio. Los de la elite llegan anunciándose como unos sacrificados, que dejaron atrás una posición de mucho prestigio y con muy buena retribución económica, por el servicio público y luego pretenden vivir del gobierno el resto de su vida, abrase visto masoquismo mayor. Cuando un político en su trayectoria como empleado no realizo labor alguna de ayuda comunitaria o realizo trabaja voluntario sin remuneración económica a favor de los más necesitados, no se haga llamar servidor público cuando como político adviene aun trabajo en el gobierno.

El otro concepto a destacar es la absurda manera que tienen los políticos de defenderse de la corrupción y los constantes delitos que cometen. Lo hacen resaltando los delitos cometidos por quienes les antecedieron como funcionarios públicos. Como pueden los periodistas darle foro público a quienes justifican los delitos cometidos por miembros de su partido político, destacando la corrupción y todo tipo de delito cometido por los adversarios .Levantan el dedo acusador, para señalar a miembros del partido contrario que fueron acusados, encausados y hallados culpables, también sobre aquellos a quienes la oposición política les daña su reputación con la sola intención de tener camino libre para obtener el favor del pueblo en las urnas electorales.

Donde está la responsabilidad de aquellos periodistas de mantener bien informado al pueblo, cuando permiten tal impunidad a los políticos. Los políticos justifican lo malo que hacen, resaltando lo malo que hicieron otros y cual si fuera una ecuación matemática, lo malo con lo malo se cancela y aquí no ha pasado nada. Como dicen los fanáticos de los partidos políticos, si los del partido contrario roban, para que se lo roben ellos, que lo hagan los de mi partido. Esa es una de las consecuencias del periodismo ineficiente y falto de compromiso con el pueblo.

Los políticos de oficio que gobiernan nuestro país y sus asesores en planificación no han logrado resolver los problemas de urbanismo que nos están afectando por décadas. No podemos continuar haciendo siempre lo mismo, tenemos que romper con esos paradigmas que no nos dejan avanzar como país. Tenemos que empezar a reconstruir nuestro país, no podemos seguir viviendo a conveniencia de políticos que nunca han sido participe de ninguna de las crisis por las que hemos atravesado como pueblo. Quienes crean las crisis no tienen las herramientas para solucionarlas. Más de cien años han pasado desde el cambio de soberanía, creímos que los abusos contra el pueblo y las limitaciones a las que era sometida la población mejorarían, la realidad es que con el cambio continuamos en lo mismo. Debemos convertirnos en una nación de avanzada y tener la voluntad para lograr grandes cambios para beneficio de todos. La defensa de lo que nos queda de nuestro mayor recurso es imprescindible. La madre tierra que alberga otro gran recurso, el agua, no puede seguir en desgaste. No necesitamos más escuelas, ni más carreteras, tampoco más centros comerciales para consumir o comprar lo que otros países producen.

Los planificadores en nuestro querido Puerto Rico, deben saber que nuestro terruño no aguanta más siembra de cemento. No podemos seguir ofreciendo soluciones simples a grandes problemas. No podemos seguir pensando en beneficio para unos pocos, en su mayoría extranjeros en menoscabo de los muchos y sin beneficio para las futuras generaciones. Es comenzando a planificar en la mejor utilización de los recursos ya existentes. La mayoría de las estructuras gubernamentales están fuera de uso más de un cincuenta por ciento del tiempo y en el caso específico de las miles de escuelas públicas, su uso no alcanza el cuarenta por ciento.

Es cuestión de pensar en beneficio de todos e ir adaptando al pueblo poco a poco a los grandes cambios necesarios para resolver los grandes problemas que nos afectan como nación. Tenemos que romper con los paradigmas que más que limitarnos nos esclavizan como pueblo. ¿Porque establecer horarios básicos de trabajo y estudios para la mayoría de la población? Esto envía a la calle, a transitar por las carreteras del país al mismo tiempo, a la mayoría de quienes de forma obligada ocasionan los descomunales tapones que a diario vemos en el país. Sí por el contrario, se establecieran horarios diferentes, para que no todos salieran en sus automóviles al mismo tiempo a su lugar de trabajo, ya sea público o privado y a las escuelas o universidades, disminuiría el taponamiento.

Tomemos como ejemplo el comercio, el cual puede establecer un horario de servicios, abriendo sus puertas de 2:00 p/m hasta la media noche de lunes a viernes y los sábados y domingos en horario extendido. Eso aliviaría el movimiento vehicular en las horas pico de forma significativa, no solo por los miles de empleados en el comercio, sino también por la gran cantidad de clientes comprando o consumiendo. Si a esto le añadimos una buena restructuración de las carreteras para minimizar el uso de semáforos continuado con la utilización de puentes elevados en áreas de mayor flujo vehicular y en aquellas vías alternas o de acceso a las avenidas, cambiar los semáforos por rótulos de PARE.

Mientras menos obstáculos al flujo de automóviles en las avenidas y menos el movimiento a través de esas vías, más cómodo acceder desde calles con menos flujo de vehículos.

Otro de los paradigmas que hay que romper es el de las escuelas con horarios de ocho de la mañana a tres de la tarde. Los estudiantes de grados primarios pueden acudir a la escuela de ocho a tres y los de grado intermedio y superior desde las cuatro en adelante hasta cubrir su horario lectivo. De igual manera ocurre en las universidades y su horario extendido, el cual le da la flexibilidad y comodidad al estudiantado.

Las escuelas del país están la mayor parte del tiempo cerradas y sin utilidad para nadie. Otras con el transcurrir de los años han sido cerradas por falta de matrícula, mientras se construyen nuevas escuelas en áreas de mucha matrícula escolar. La solución no está en construir nuevas escuelas, está en utilizar las existentes el mayor tiempo posible y en lugar de nuevas escuelas, que se invierte en la restauración y buen mantenimiento de las existentes.

De la misma forma que funciona de forma separada las escuelas del país y las universidades, deben separarse los grados primarios, de los intermedios y superiores. Que funcionen como departamentos separados y con presupuestos diferentes. De esa manera podemos ayudar a combatir uno de los más grandes problemas del sistema público de enseñanza, el gigantismo incontrolado. La fortaleza de un buen sistema escolar está en la eficacia de la educación primaria la cual sienta las bases para el desarrollo de los diferentes talentos de los estudiantes en grados superiores. Cuando nos centramos en una buena educación primaria, minimizamos las muchas frustraciones que llevan al estudiantado a la deserción escolar. La base del éxito de todo el sistema escolar está en lo bien que se trabaje con esos estudiantes en esos primeros grados, por eso la necesidad de preparar verdaderos especialistas en esos grados y en un sistema separado.

No podemos seguir fomentando un sistema de gobierno que invierte en una proporción verdaderamente alarmante mayor, en los delincuentes en las cárceles del país que en nuestros estudiantes. Un sistema de gobierno que invierte grandes cantidades de dinero y tiempo en proteger los derechos y las comodidades de quienes violan la libertad y el bienestar de las personas decentes del país. El gasto desproporcionado del dinero del pueblo en un sistema de rehabilitación ineficiente que solo satisface al gobierno de turno, es inadmisible. No se puede continuar fomentando un gobierno que promueve mediante sus propias ejecutorias la creación de delincuentes.

No hay verdadera creatividad para la solución de los problemas que afectan la vida cotidiana del pueblo, de parte de quienes gobiernan. Mientras como pueblo en decadencia no tomemos la dirección del país y pongamos en marcha un verdadero plan para la solución de los males que nos aquejan, no saldremos del atolladero.

Otro detalle que debe preocuparnos como pueblo, es la proliferación de centros comerciales, la continua siembra de cemento en nuestras tierras fértiles, buenas para la siembra de aquello que nos alimenta y nos ayudara a la sobrevivencia en un mundo en precaria. Nuestros economistas no pueden seguir utilizando el consumismo desmedido y la siembra de cemento como medidas que dan señal de una recuperación de nuestra economía. Consumiendo o comprando lo que otros países producen no fortalece nuestra economía ni es un indicio de que vamos mejorando. Estamos saturados de centros comerciales donde la mayoría de los comercios son de capital extranjero y el aporte son sueldos miserables que en su mayoría son revertidos, cuando consumimos los productos de esas mega tiendas de capital extranjero. Lo que es sinónimo de fuga de capital al extranjero y de que no hay el mínimo fortalecimiento de nuestra economía.

Habilitemos los miles de edificios hoy cerrados de empresarios puertorriqueños a quienes no se les provee de los mismos incentivos que a las compañías foráneas. Rehabilitemos las cientos de fábricas propiedad de lo que un día fue fomento industrial para que manos puertorriqueñas elaboren sus propios productos. Que se incentive y se modernice la agricultura y que no se siembre ni una onza más de cemento en tierras aptas para el cultivo. Que el gobierno se interese más en fomentar la pesca comercial, que no ponga trabas a nuestros obreros del mar en beneficio de los grandes importadores de toda clase de mariscos. Mariscos que llegan a nuestras mesas después de largos periodos de congelación y que en nada ayudan a mejorar nuestra economía ni nuestra salud.

Otra muestra de la importancia de la eliminación de los partidos políticos, es lo que ocurre después de una elección, cuando el partido de gobierno pierde. Con mucha frecuencia escuchamos o leemos la famosa frase, común entre quienes defienden las acciones incorrectas de los líderes políticos en nuestro país "no es moralmente lo correcto pero no es ilegal". Intelectuales a quienes periodistas quizás bien intencionados, invitan a los medios noticiosos para que aclaren u orienten respecto a acciones dudosas tomadas por políticos. Abogados, doctores, catedráticos, psicólogos, sociólogos y otros, quienes se quitan su etiqueta de intelectuales para convertirse en meros afiliados políticos. Hombres y mujeres que no tienen el valor suficiente para denunciar la corrupción, los delitos o aptos criminales de líderes políticos en contra de los mejores intereses de la población. Sus razones, solo ellos con total seguridad la conocen. Estos ante la oportunidad de desenmascarar a políticos delincuentes los defienden con la famosa cantinflada" no es incorrecto ni ilegal pero podría ser inmoral".

Los líderes políticos que gobiernan al país y al diario vivir de la población crean y promulgan leyes supuestamente para beneficio del pueblo. Aun cuando no hay mayor verdad que aplique a los políticos, de que "quien hizo la ley hizo la trampa". Lo que convierte en legal lo ilegal y en correcto lo incorrecto, para beneficio de los políticos, lo que no es ilegal, ni incorrecto en lo legal, no es delito. Como lo inmoral es un aspecto social en nada afecto la acciones en el aspecto legal de los políticos. Esa es la defensa que hacen los intelectuales, dándoles inmunidad y aceptación a los delincuentes políticos del país.

Cuando el distinguido gobernador de Puerto Rico hace nombramientos de última hora, para llenar plazas o cubrir posiciones en todas las esferas del gobierno, lo hace con una prerrogativa que en ley tiene, lo que constituye una acción con todas las de la ley, lo cual es correcto. Lo que no es correcto es la intención con la que se hace. Su función principal es tomar acciones serias en beneficio del pueblo y no a favor de la institución política que preside, eso lo hace incorrecto. También, es incorrecto nombrar a posiciones en el gobierno a políticos que fueron rechazados en las urnas por el voto directo del pueblo y eso en el verdadero sentido de la democracia, es ilegal. Cuando el alto liderato del partido en el poder, calla ante esta barbarie, otorga y eso los convierte en cómplices. Lo que es incorrecto, es ilegal y lo ilegal es inmoral. Esto desde una perspectiva real a quien así actúa se le llama inmoral y deshonesto.

La realidad que el pueblo no quiere aceptar, es que la razón principal de esos nombramientos en todas las esferas del gobierno tiene un fin básico, la autoinmunidad. Al tener control en todas esas áreas sensitivas del gobierno, estas en control de toda la evidencia que puede incriminarte en la comisión de cualquier delito. Como también advienes al control político de jueces, fiscales y cualquier ente investigativo, la absolución de corruptos delincuentes en el gobierno está un cien por ciento garantizada. De ahí la famosa frase "nos vemos en el tribunal supremo"

CAPÍTULO 28

LA RAZÓN NO GRITA, CONVENCE

LUIS A FERRER

Quiero completar este intento de crear conciencia en el pueblo de la importancia de eliminar los partidos políticos y de luchar a favor de nuestro ambiente con el siguiente escrito.

En el año de 1854, el presidente de los Estados Unidos, Franklin Pierce le propuso a la tribu Duwamish del estado de Washington, comprar gran parte de sus tierras, ofreciendo en contraparte, la concesión de otra reserva. La mayor parte del texto de la respuesta del Jefe indio Sealth (nombre alterado luego s Seattle) distribuido en la ONU, ha sido considerado, a través del tiempo, como uno de los más bellos y profundos pronunciamientos jamás hechos en relación con la defensa del medio ambiente. A continuación el escrito.

¿Cómo se puede comprar o vender el cielo, el calor de la tierra? Esa idea nos parece extraña. ¿Si no poseemos el fresco del aire y el brillo del agua, como es posible comprarla?

Cada pedazo de esta tierra es sagrado para mi pueblo. Cada rama brillante de pino, cada puñado de arena de playa, la penumbra, la densa vegetación, cada claro y el zumbido de los insectos son sagrados en la memoria y experiencia de mi pueblo. La savia que recorre el cuerpo de los arboles acarrea consigo los recuerdos del Piel Roja.

Los muertos del hombre blanco dejan su tierra de origen cuando van a caminar entre las estrellas. Nuestros muertos jamás dejan esta bella tierra, pues ella es la madre del Piel Roja. Somos parte de esta tierra y ella es parte de nosotros. Las flores perfumadas son nuestras hermanas, el ciervo, el caballo, el águila grande, son nuestros hermanos. Los picos rocosos, los surcos húmedos de la campiña, el calor del cuerpo del potro y del hombre, todo pertenece a la misma familia.

Por lo tanto, cuando el gran jefe en Washington manda a decir que desea comprar nuestra tierra, pide mucho de nosotros. El gran jefe dice que nos reservará un lugar donde podamos vivir satisfechos. El será nuestro padre y nosotros seremos sus hijos. Por lo tanto, nosotros vamos a considerar su oferta de comprar nuestra tierra. Más eso no será fácil. Esta tierra sagrada es sagrada para nosotros.

Esa agua brillante que fluye en los riachuelos y ríos no es apenas agua, es más la sangre de nuestros antepasados. Si les vendemos nuestra tierra, ustedes deben recordar que ella es sagrada y deben enseñar a sus niños que ella es sagrada y que cada reflejo en las aguas límpidas de los lagos habla de acontecimientos en la vida de mi pueblo, ustedes deben dar a los ríos la bondad que deberían dar a cualquier hermano.

Sabemos que el hombre blanco no comprende nuestras costumbres. Una porción de tierra para él tiene el mismo significado que cualquier otra, pues es un forastero que vive en la obscuridad y extrae de la tierra lo que se le antoja. La tierra no es su hermana, es su enemiga y cuando la ha conquistado prosigue su camino. Deja atrás las tumbas de sus antepasados y no se incomoda. Rapta de la tierra aquello que sería de sus hijos y no le importa. La sepultura de su padre y los derechos de sus hijos son olvidados. Trata a su madre la tierra y su hermano el cielo, como cosas que pueden ser compradas, saqueadas, vendidas como carnero o adornos coloridos Su apetito devora la tierra, dejando solamente un desierto.

Yo no sé, nuestras costumbres son diferentes a las suyas. La visión de sus ciudades hiere los ojos del Piel Roja. Tal vez sea porque el Piel Roja sea un salvaje y no comprenda.

No hay un lugar callado en las ciudades del hombre blanco. Ningún lugar donde se pueda escuchar las hojas en primavera o el batir de las alas de los insectos. Más tal vez sea porque yo soy un salvaje y no comprendo. El ruido parece solamente insulta los oídos. ¿Para qué sirve la vida si el hombre no puede oír el coro solitario de un ave o el debate de los sapos alrededor de una laguna en la noche? Yo soy Piel Roja y no comprendo. El indio prefiere el suave murmullo del viento encrespando la superficie del lago y el propio viento limpio por una lluvia diurna o perfumo por los pinos.

El aire es precioso para el Piel roja, pues todas las cosas comparten el mismo soplo. Parece que el hombre blanco no siente el aire que respira. Como un hombre que agoniza, por varios días es insensible a su mal olor. Mas si vendemos nuestra tierra al hombre blanco, él debe recordar que el aire es precioso para nosotros, que el aire comparte su espíritu con toda la tierra que sostiene. El viento que dio a nuestro abuelo su primer respiro, también recibe su último respiro. Si le vendemos nuestra tierra, ustedes deben mantenerla intacta y sagrada como un lugar donde hasta el mismo hombre blanco pueda ir a saborear el viento azucarado por las flores de los prados.

Por lo tanto vamos a meditar sobre su oferta de comprar nuestra tierra. Si decidimos aceptar impondremos una condición: el hombre blanco debe tratar a los animales de esta tierra como sus hermanos.

Soy un salvaje y no comprendo cualquier otra forma de actuar. Vi un millar de búfalos pudriéndose en las praderas abandonados por un hombre blanco que les disparo desde un tren al pasar. Yo soy un salvaje y no comprendo como el humeante caballo de hierro pueda ser más importante que el búfalo, al que sacrificamos solamente para permanecer vivos.

¿O qué es el hombre sin los animales? Si todos los animales se fuesen, el hombre moriría de una gran soledad de espíritu. Pues lo que ocurre con los animales, en poco tiempo le ocurrirá al hombre. Todo está ligado. Ustedes deben enseñar a sus niños que el suelo bajo sus pies es la ceniza de nuestros abuelos. Para que respeten la tierra, dígales a sus hijos que ella fue enriquecida con la vida de nuestro pueblo. Enseñen a sus niños lo que nosotros enseñamos a los nuestros, que la tierra es nuestra madre. Todo lo que le suceda a la tierra les sucederá a los hijos de la tierra. Si los hombres en desdén escupen el suelo, están escupiendo sobre sí mismos.

Esto sabemos: La tierra no pertenece al hombre; el hombre pertenece a la tierra Esto sabemos: todas las cosas están ligadas, como la sangre une una familia. Todo está ligado. Lo que ocurra con la tierra recaerá sobre los hijos de la tierra. El hombre no tejió el tejido de la vida; él es simplemente uno de sus hilos. Todo lo que se haga a lo tejido se hará a sí mismo.

Inclusive el hombre blanco, cuyo Dios camina y habla con él de amigo a amigo, no está exento de un destino común. Es posible que seamos hermanos a pesar de todo. Veremos. De una cosa estamos seguros, el hombre blanco descubrirá un día que: nuestro Dios es el mismo Dios. Ustedes pueden pensar que lo poseen a él, como desean poseer, nuestra tierra; mas no pueden. Él es el Dios del hombre y su compasión es igual para el Piel

Roja como para el hombre blanco. Esta tierra es muy preciada para El y herirla es despreciar a su Creador. Los blancos también desaparecerán; tal vez más rápido que todas las otra tribus. Contaminan sus camas y una noche se sofocaran en sus propios excrementos.

Más, cuando hayan desaparecido, ustedes brillaran intensamente iluminados por la fuerza de Dios que los trajo a esta tierra y que por alguna razón especial les dio el dominio sobre esta tierra y sobre el Piel Roja. Ese destino es un misterio para nosotros, pues no comprendemos el que todos los búfalos sean exterminados, todos los caballos salvajes sean domados, los rincones secretos del denso bosque impregnados por el hedor de muchos hombres y el paisaje de las montañas obstruidos por los hilos que hablan. ¿Dónde está la espesa arboleda? Desapareció. ¿Dónde está el águila? Desapareció. Es el final de la vida y el inicio de la sobrevivencia.

Cuando el ultimo Piel Roja haya desaparecido de la tierra y la memoria sea solo la sombra de una nube moviéndose a través de la pradera, estas costas y bosques retendrán los espíritus de mi gente, pues ellos amaron esta tierra de la misma forma que un recién nacido ama los latidos del corazón de su madre. Si le vendemos nuestra tierra, ámenla como nosotros la hemos amado. Cuídenla, como la hemos cuidado. Llévenla en su memoria tal y como está cuando la reciban. Y con todas sus fuerzas, todo su deseo y todo su corazón presérvenla para sus hijos y ámenla como Dios nos ama a todos. Algo sí sabemos de seguro; Dios es el mismo; esta tierra es muy preciada para él y aún el hombre blanco no podrá escapar a un destino que es común para todos.

La madre tierra, el agua, el aire, más que nuestro patrimonio, es vida, salud, bienestar y conservar estos recursos que nos da la naturaleza, es responsabilidad de todos. Permitirles a unos pocos querer tomar control de los mismos, para mal utilizarlo en beneficio de ellos, es atentar contra nuestras vidas. Dañar ese medio ambiente tan necesario para todos los seres vivos que habitan bajo este cielo que nos cobija no es permisible. En cada rincón de este planeta llamado Tierra, tenemos que combatir a quienes lo dañan. Cada pedazo de suelo de esta querida isla, es sagrado cada arroyo, rio, riachuelo, lago, es fuente de vida. En ese inmenso mar que nos rodea hay vida en abundancia. No podemos seguir retando el balance que nos provee la madre naturaleza, pues la fuerza destructora que en ocasiones nos muestra, es indicio de su superioridad ante nosotros. Aprendamos a vivir en paz con ella y sin intenciones de destruirla. Saquemos del camino a aquellos pocos que intentan dañarla en menoscabo de todos.

En ustedes querido pueblo está una de dos cosas, referente a este escrito, convertirlo en herramienta de lucha en contra de quienes nos dañan como pueblo. Lograr en nuestro país el establecimiento de una verdadera democracia, para beneficio de todos. O, simplemente convertirlo en una utopía, en un intento de una nueva teoría política.

Sería interesante analizar, si es el pueblo quien crea sus propias necesidades, o si son los políticos de oficio que gobiernan quienes a conveniencia inciden en ello. Si como pueblo somos verdaderamente, los únicos responsables de todo lo que nos sucede. ¿Será porque somos tan inconsistentes en velar por lo que verdaderamente nos conviene? ¿O es que nuestro conformismo es tal, que lo poco nos satisface plenamente? Las necesidades del pueblo son atendidas con una ineficiencia tan marcada por el gobierno, que conocer de la humildad, de la resignación con la que lo acepta el pueblo es sinónimo del sentimiento de inferioridad. Inferioridad que siente el pueblo ante la marginación y el discrimen al que ha sido sometido por siglos. Cuando el gobierno so color de autoridad reprime el reclamo de los más elementales derechos de sana convivencia de sus ciudadano, lacera a la democracia que tanto proclama dentro del mejor sistema de gobierno.

El voto es el arma o instrumento para combatir los males de la democracia. Democracia es, la igualdad de oportunidades para todos los ciudadanos.

JOSE SANTIAGO RIVERA.

Tabla de Contenido

Esta Edición de:

UN GOBIERNO LIBRE DE PARTIDOS POLITICOS

Se produjo

Bajo los auspicios de AMAZON

En los

Estados Unidos de América

El ano de

2013